국가공인한자자격시험관리기관시행
교양한자급수시험 대비 수험서

최고의 적중률을 자신합니다!!

한자 자격시험

4급

펴낸곳 | 주식회사 형민사
지은이 | 국제 어문능력 개발원

www.hanja114.org

초판 25쇄	2023. 07. 03
펴 낸 곳	주식회사 형민사
지 은 이	국제어문능력개발원
인터넷구매	www.hanja114.co.kr
구 입 문 의	TEL.02-736-7693~4, FAX.02-736-7692
주　　　소	㉾100-032 서울시 중구 수표로 45, B1 101호(저동2가,비즈센터)
등 록 번 호	제2016-000003호
I S B N	978-89-955423-5-4

- 이 책에 실린 모든 편집 내용에 대한 저작권은 〈주식회사 형민사〉에 있으므로 무단으로 복사, 복제할 수 없습니다.
- 파손된 책은 바꾸어 드립니다.

한자 자격 시험 안내

01 한자자격시험
- 주 관 : 사단법인 한자교육진흥회
- 시 행 : 한국 한자실력평가원

02 한자자격시험 일시
- 연 4회 실시
- 응시 자격 : 제한 없음

03 한자자격시험 준비물 및 입실 시간
- 접수 준비물 : 기본인적사항, 응시원서, 응시료, 반명함판 사진(3㎝ × 4㎝ 2매)
- 시험 준비물
    ① 수험표
    ② 신분증(학생증, 주민등록증, 운전면허증, 여권 – 초등학생과 미취학아동은 건강보험증 또는 주민등록등본(복사본 가능))
    ③ 검정색 펜(7,8급은 연필사용 가능)
    ④ 수정테이프
- 고사장 입실 시간 : 시험 시작 20분 전까지

04 합격자 발표 및 문의처
- 합격자 발표 : 시험 종료 약 1개월 후
- 홈페이지 : http://www.hanja114.org 또는 한글인터넷주소 : 한자자격시험
- 기타 문의 : 한국 한자실력평가원(전화 02-3406-9111, 팩스 02-3406-9118)

05 한자자격시험 급수별 출제 범위

구분		공인급수				교양급수							
		사범	1급	2급	3급	준3급	4급	준4급	5급	준5급	6급	7급	8급(첫걸음)
평가한자수	계	5,000자	3,500자	2,300자	1,800자	1,350자	900자	700자	450자	250자	170자	120자	50자
	선정한자	5,000자	3,500자	2,300자	1,300자	1,000자	700자	500자	300자	150자	70자	50자	30자
	교과서·실용한자어		500단어(이상)	500단어(이상)	500자(436단어)(이상)	350자(305단어)(이상)	200자(156단어)(이상)	200자(139단어)(이상)	150자(117단어)(이상)	100자(62단어)(이상)	100자(62단어)(이상)	70자(43단어)(이상)	20자(13단어)(이상)

* 한자자격시험은 사범~8급까지 총 12개 급수로 구성
* 1급과 2급은 직업분야별 실용한자어, 3급 이하는 교과서 한자어를 뜻함
* 3급 이하의 교과서 한자어에서는 한자쓰기 문제를 출제하지 않음 (자세한 사항은 홈페이지를 참조하시기 바랍니다.)
* 巾(수건 건)자는 교육부지정 선정한자 (1,800자)에서 제외된 글자이나, 실생활에 자주 활용되고 部首자이므로 준5급에 추가하여 80+1자가 되었음

한자자격시험 4급

06 급수별 출제 문항 수 및 출제기준

구분		급수	사범	1급	2급	3급	준3급	4급	준4급	5급	준5급	6급	7급	8급(첫걸음)
출제기준		문항수 합계	200	150	100	100	100	100	100	100	100	80	50	50
	주관식	문항수	150	100	70	70	70	70	70	70	70	50	20	20
		비율(%)	75% 이상	65% 이상	70% 이상	70% 이상	70% 이상	70% 이상	70% 이상	70% 이상	70% 이상	60% 이상	40% 이상	40% 이상
		한자쓰기(비율%)	25	25	25	20	20	20	20	20	20	10	–	–
	객관식	문항수	50	50	30	30	30	30	30	30	30	30	30	30
문항별 배점			2	2	2	2	1	1	1	1	1	1.25	2	2
만점 (환산점수:100점 만점)			400 (100)	300 (100)	200 (100)	200 (100)	100	100	100	100	100	100	100	100

07 급수별 합격기준

구분	급수	사범	1급	2급	3급	준3급	4급	준4급	5급	준5급	6급	7급	8급(첫걸음)
합격기준 (문항수 기준)		80% 이상	70% 이상	70% 이상	70% 이상	70% 이상	70% 이상	70% 이상	70% 이상	70% 이상	70% 이상	70% 이상	70% 이상

* 각 급수별 합격 기준 이상의 점수를 얻어야 합격할 수 있음

08 급수별 시험시간, 출제 유형별 비율(%)

구분		급수	사범	1급	2급	3급	준3급	4급	준4급	5급	준5급	6급	7급	8급(첫걸음)
		시험시간	120분	80분	60분	60분	60분	60분	60분	60분	60분	60분	60분	60분
출제유형·비율(%)	급수별선정한자	훈음	25	25	25	15	15	15	15	15	15	20	25	25
		독음	35	35	35	15	15	15	15	15	15	20	25	25
		쓰기	25	25	25	20	20	20	20	20	20	10	-	-
		기타	15	15	15	15	15	15	15	15	15	15	15	15
		소계	100	100	100	65	65	65	65	65	65	65	65	65
	교과서한자어	독음	-	-	-	15	15	15	15	15	15	15	15	15
		용어뜻	-	-	-	10	10	10	10	10	10	10	10	10
		쓰기	-	-	-	0	0	0	0	0	0	0	0	0
		기타	-	-	-	10	10	10	10	10	10	10	10	10
		소계	-	-	-	35	35	35	35	35	35	35	35	35
		합계	100	100	100	100	100	100	100	100	100	100	100	100

한자 자격 시험 안내

09 원서접수 방법

〈방문 접수와 인터넷 접수 가능〉

- 방문 접수 : 지역별 원서접수처를 직접 방문하여 접수하는 경우
  · 응시급수 선택 : 한자자격시험 급수별 출제범위를 참고하여, 응시자에 알맞은 급수를 선택
  · 원서 접수 준비물 확인 : 응시자 성명(한자) / 주민등록번호 / 학교명, 학년, 반 / 전화번호 / 우편번호, 주소 / 반명함판 사진2매(3×4cm) / 응시료
  · 원서 작성 · 접수 : 한자자격시험 지원서를 작성 후 접수
  · 수험표 확인 : 수험표의 응시급수, 수험번호, 성명, 주민등록번호, 고사장명, 고사장 문의전화, 시험일시를 재확인

- 인터넷 접수 : 한자자격시험 홈페이지에 접속하여 원서를 접수
  (홈페이지 : http://www.hanja114.org, 또는 한글인터넷주소 : **한자자격시험**)

10 국가공인 한자자격 취득자 우대

- 자격기본법 제23조 3항에 의거 국가자격 취득자와 동등한 대우 및 혜택
- 정부기관에서 공무원 직무능력 향상의 수단으로 권장
- 육군 간부, 군무원의 인사고과 반영
- 공공기관과 기업체 채용, 보수, 승진과정에서 우대하며 대학의 입학전형에 반영
  ※ 반영 비율 및 세부 사항은 기업체 및 각 대학 입시 요강에 따름
- 2005학년도 대학수학능력시험부터 '漢文'을 선택과목으로 채택
- 한국방송통신대학교 중어중문학과 졸업논문 대체인정(1급 이상)
- 대상 급수 : 한자실력 사범, 1, 2, 3급

▶▶ 이 책은 국가공인 한자자격시험 관리·운영기관인 사단법인 한자교육진흥회 주관으로 한국 한자실력평가원에서 시행하는 4급 [한자자격시험]을 대비하기 위한 학습서입니다.

▶▶ 여기에서는 한자실력평가원의 4급 한자 900자(4급 선정한자 700자+교과서 한자 200자로 구성)를 주제별로 배치하여 학습할 수 있도록 하고 있습니다.

▶▶ 주제별로 구성된 단원구조는 '스스로 학습'을 이끌어 주는 과학적 학습유도장치로, 이는 학교 현장에서 수년간 학생들을 지도하면서 체험한 효과적 학습방법을 구조화시킨 것이며 교사들의 보이지 않는 진실한 노력과 고뇌가 녹아 있는, 한자 학습 능률을 극대화할 수 있는 매우 유용한 방법입니다.

▶▶ 지금까지의 한자학습이 '한자의 글자 수' 암기력을 테스트한 것이었다면, [한자자격시험]은 한자 암기는 물론, 초·중·고의 학교급별 교과서에 쓰이고 있는 한자어를 읽고, 쓰고, 뜻을 알게 하는 과정을 통해 우리말의 어휘력과 사고력, 문제의 핵심을 파악하게 하는 능력 등을 높여 자연스럽게 교과학습 성취도를 높일 수 있게 하는 잠재적 목표까지 설정하고 있습니다.

이 책의 짜임새

이 책은 4급 한자자격시험에 출제되는 한자(어)를 크게 주제별로 다섯 단원으로 구조화하였으며 학습과정에서 연상활동을 자극하여 한자 및 한자어 등을 단계적으로 쉽게 익힐 수 있게 구성하였다.

- 제1주제 단원에서는 '자연, 수학, 환경'과 관계 깊은 한자를 다루고 있고, 수학이나 과학 교과서등에 자주 등장하는 한자어를 익힐 수 있도록 하였다.
- 제2주제 단원에서는 '언어의 세계'라는 주제 속에서 관련 한자를 익히면서, 국어 등의 교과서에 자주 등장하는 한자어를 익힐 수 있도록 하였다.
- 제3주제 단원에서는 '사회, 정치, 경제'라는 주제 속에서 관련 한자를 공부하면서, 사회 교과서 등에 자주 등장하는 한자어를 익힐 수 있도록 하였다.
- 제4주제 단원에서는 '역사, 지리'라는 주제로 관련 한자를 다루면서, 역사와 지리에 자주 등장하는 교과서 한자어를 익힐 수 있도록 하였다.
- 제5주제 단원에서는 '나와 우리'라는 주제로 민주적 생활 태도 및 공동체 생활 등과 관련된 한자를 다루면서, 도덕, 사회 교과서 등에 자주 등장하는 한자어를 익힐 수 있도록 하였다.
- 주제별 각 단원은 선정 한자 익히기, 교과서 한자어 자세히 알기, 꼭 알아야 할 고사성어, 한자성어, 단원 마무리 연습문제로 구성되어 있다.
- 「선정한자 익히기」에서는 4급 선정한자를 쓰면서, 훈·음, 부수, 총획 수 등을 알게 하였고, 또한 도움말을 통해 글자의 자원을 알 수 있게 하여 글자에 대한 깊이 있는 이해를 돕고, 용례를 제시해 어떻게 그 글자가 쓰이는지도 알도록 하고 있다.

이 책의 짜임, 활용

- 「교과서 한자어 자세히 알기」에서는 주제별 관련 교과서에 등장하는 한자어의 훈·음과 뜻을 익히고, 어떻게 쓰이는지를 알게 하고 있다. 이 과정은 자연스럽게 우리말의 어휘력 신장에도 도움을 주도록 구성되어 있다.
- 「꼭 알아야 할 고사성어, 한자성어」에서는 고사성어를 통해 한자에 대한 재미를 찾게 하고, 한자성어 익히기를 통해 한자와의 친근감을 높임과 동시에 바른 인성을 자극하고 있다.
- 각 주제의 끝 부분에 배치되어 있는「단원 마무리 연습문제」는 그 단원에서 배운 내용을 총 정리해 볼 수 있도록 하여 학습 효과를 배가시키고 있다. 특히 문제의 지문이나 보기 등에 제시된 단어 하나하나까지도 교육적 의미를 생각하여 배치하고 있다.
- 6단원에서는 연습문제 5회분과 최근 기출문제를 실어 한자자격시험에 대비할 수 있게 하였다.

이 책의 활용

선정한자 익히기편에서는
- 큰 소리로 훈(뜻)과 음을 읽으면서 필순을 지켜 써 보세요!
- 제시된 빈 칸 수만큼 쓰다 보면 저절로 한자를 익힐 수 있습니다.

교과서 한자어 자세히 알기편에서는
제시된 단어를 큰 소리로 읽고, 훈과 음을 읽은 후 풀이말을 몇 차례 읽어봅니다. 그리고 쓰임을 읽으면서 빈 칸에 한자어를 정자로 또박 또박 써 나갑니다.

꼭 알아야 할 고사성어, 한자성어편에서는
제시된 한자성어를 읽고 이어서 각 글자의 훈과 음을 읽어본 다음, 뜻을 큰 소리로 읽고 나서 빈 칸에 한자성어를 써 나갑니다.

단원 마무리 연습문제편에서는
각 주제의 끝 부분에 주관식과 객관식의 30여 문제가 함께 섞여 구성된 평가 문항입니다. 이 문제들을 풀어보면서 앞에서 배운 한자와 한자어 등을 다시 생각해 보고, 혹 잘 모르는 문제가 있다면 본문을 다시 살펴서 완전히 익히고 다음 단계로 넘어가기 바랍니다.

※ 참고문헌 : 이재전, ≪최신 한자교본≫, (도서출판 에코노미, 2002)
　　　　　　장형식, ≪부수해설≫, (한국 한자실력평가원, 2000)
　　　　　　홍순필, ≪한선문 신옥편-정음옥편 한글판≫, (보문관, 1917)
　　　　　　≪大漢韓辭典≫, (교학사, 1998) 등

03	한자자격시험 안내
06	이 책의 짜임, 활용
10	급수별 선정한자 일람표
17	4급 교과서 한자어 일람표

1. 자연, 수학, 환경

21	1-1. 선정 한자 익히기
29	1-2. 교과서 한자어 자세히 알기
35	1-3. 알아두면 유익한 한자성어
39	1-4. 단원 마무리 연습문제

2. 언어의 세계

43	2-1. 선정 한자 익히기
51	2-2. 교과서 한자어 자세히 알기
58	2-3. 알아두면 유익한 한자성어
62	2-4. 단원 마무리 연습문제

3. 사회, 정치, 경제

67	3-1. 선정 한자 익히기
75	3-2. 교과서 한자어 자세히 알기
81	3-3. 알아두면 유익한 한자성어
85	3-4. 단원 마무리 연습문제

차 례

역사, 지리 4

8 9	4-1. 선정 한자 익히기
9 7	4-2. 교과서 한자어 자세히 알기
1 0 4	4-3. 알아두면 유익한 한자성어
1 0 8	4-4. 단원 마무리 연습문제

나와 우리 5

1 1 3	5-1. 선정 한자 익히기
1 2 1	5-2. 교과서 한자어 자세히 알기
1 2 8	5-3. 알아두면 유익한 한자성어
1 3 2	5-4. 단원 마무리 연습문제

연습문제 및 최근 기출문제 6

1 3 6	연습문제(01회~5회)
1 6 7	최근 기출문제
1 7 9	정답

급수별 선정한자 일람표

*표시는 길게 발음된 글자. # 표시는 장음 단음 두 가지로 발음된 글자임
( )안은 간체자

8급 선정 한자

한자	훈	음	
一	한	일	
二	두	이	*
三	석	삼	
四	넉	사	*
五	다섯	오	*
六	여섯	륙	
七	일곱	칠	
八	여덟	팔	
九	아홉	구	
十	열	십	
日	날	일	
月	달	월	
火	불	화	#
水	물	수	
木	나무	목	
上	윗	상	*
中	가운데	중	
下	아래	하	*
父	아버지	부	
母	어머니	모	*
王	임금	왕	
子	아들	자	
女	계집	녀	
口	입	구	#
土	흙	토	
山	메	산	
門	문	문(门)	
小	작을	소	*
人	사람	인	
白	흰	백	

7급 선정 한자

江	강	강	
工	장인	공	
金	쇠	금	
男	사내	남	
力	힘	력	
立	설	립	
目	눈	목	
百	일백	백	
生	날	생	
石	돌	석	
手	손	수	#
心	마음	심	
入	들	입	
自	스스로	자	
足	발	족	
川	내	천	
千	일천	천	
天	하늘	천	
出	날	출	
兄	맏	형	

6급 선정 한자

東	동녘	동(东)	
西	서녘	서	
南	남녘	남	
北	북녘	북	
方	모	방	
向	향할	향	*
內	안	내	*
外	바깥	외	*
同	한가지	동	
名	이름	명	
靑	푸를	청	
年	해(=季)	년	
正	바를	정	#
文	글월	문	
主	주인	주	
寸	마디	촌	*
弟	아우	제	*
夫	지아비	부	
少	적을	소	*
夕	저녁	석	

준5급 선정 한자

歌	노래	가	
家	집	가	
間	사이	간(间)	#
車	수레	거(车)	
巾	수건	건	
古	예	고	*
空	빌	공	
敎	가르칠	교	*
校	학교	교	*
國	나라	국	
軍	군사	군	
今	이제	금	
記	기록할	기(记)	
氣	기운	기(气)	
己	몸	기	
農	농사	농	
答	대답	답	
代	대신할	대	*
大	큰	대	*
道	길	도	
洞	골	동	*
登	오를	등	
來	올	래(来)	#
老	늙을	로	
里	마을	리	*
林	수풀	림	
馬	말	마(马)	*
萬	일만	만(万)	*
末	끝	말	
每	매양	매	#
面	낯	면	*
問	물을	문(问)	*
物	물건	물	
民	백성	민	
本	근본	본	
不	아니	불	
分	나눌	분	#

士	선비	사	*	漢	한수	한(汉)	*	冬	겨울	동	#
事	일	사	*	合	합할	합		童	아이	동	*
色	빛	색		海	바다	해	*	頭	머리	두(头)	
先	먼저	선		孝	효도	효	*	等	무리	등	*
姓	성씨	성	*	休	쉴	휴		樂	즐거울	락	
世	세상	세	*					禮	예도	례	*
所	바	소		**5급 선정 한자**				路	길	로	*
時	때	시(时)						綠	푸를	록	
市	저자	시	*	各	각각	각		理	다스릴	리	*
食	밥	사		感	느낄	감	*	李	오얏(자두)	리	
植	심을	식(植)		強	강할	강	#	利	이로울	리	
室	집	실		開	열	개(开)	*	命	목숨	명	*
安	편안할	안		去	갈	거		明	밝을	명	
羊	양	양		犬	개	견		毛	털	모	
語	말씀	어(语)	*	見	볼	견(见)	*	無	없을	무(无)	
午	낮	오	*	京	서울	경	*	聞	들을	문(闻)	#
玉	구슬	옥		計	셀	계(计)		米	쌀	미	
牛	소	우	*	界	지경	계	*	美	아름다울	미	#
右	오른	우		苦	괴로울	고		朴	순박할	박	
位	자리	위		高	높을	고		反	돌이킬	반	*
有	있을	유	*	功	공	공		半	절반	반(半)	*
育	기를	육		共	함께	공	*	發	필	발	
邑	고을	읍		科	과목	과		放	놓을	방	#
衣	옷	의		果	과실	과	*	番	차례	번	
耳	귀	이	*	光	빛	광		別	다를	별	
字	글자	자		交	사귈	교		病	병	병	*
長	긴	장(长)	#	郡	고을	군	*	步	걸음	보	*
場	마당	장(场)		近	가까울	근	*	服	옷	복	
電	번개	전(电)	*	根	뿌리	근		部	거느릴	부	
前	앞	전		急	급할	급		死	죽을	사	*
全	온전할	전		多	많을	다		書	글	서(书)	
祖	할아비	조		短	짧을	단	#	席	자리	석	
左	왼	좌	*	當	마땅할	당(当)		線	줄	선(线)	
住	살	주	*	堂	집	당		省	살필	성	
地	땅	지		對	대답할	대(对)	*	性	성품	성	*
草	풀	초		圖	그림	도		成	이룰	성	
平	평평할	평		度	법도	도	*	消	사라질	소	
學	배울	학(学)		刀	칼	도		速	빠를	속	
韓	나라이름	한(韩)	#	讀	읽을	독		孫	손자	손	#

급수별 선정한자 일람표

*표시는 길게 발음된 글자. # 표시는 장음 단음 두 가지로 발음된 글자임
(　　)안은 간체자

한자	훈	음		한자	훈	음		한자	훈	음	
樹	나무	수		昨	어제	작		會	모일	회(会)	*
首	머리	수		作	지을	작		後	뒤	후	*
習	익힐	습		章	글	장	*				
勝	이길	승		在	있을	재	*	**준4급 선정 한자**			
詩	글	시(诗)		才	재주	재					
示	보일	시	*	田	밭	전		價	값	가(价)	
始	처음	시	*	題	제목	제		加	더할	가	
式	법	식		第	차례	제	*	可	옳을	가	*
神	귀신	신		朝	아침(=晁)	조		角	뿔	각(角)	
身	몸	신		族	겨레	족		甘	달	감	
信	믿을	신	*	晝	낮	주(昼)		改	고칠	개	*
新	새로울	신		竹	대	죽		個	낱	개(个)	#
失	잃을	실		重	무거울	중	*	客	손님	객	
愛	사랑	애	*	直	곧을	직(直)		決	결단할	결(决)	
野	들	야	*	窓	창문	창		結	맺을	결(结)	
夜	밤	야	*	淸	맑을	청		輕	가벼울	경(轻)	
藥	약	약		體	몸	체		敬	공경할	경	*
弱	약할	약		村	마을	촌	*	季	철	계	*
陽	볕	양		秋	가을	추		固	군을	고	
洋	큰바다	양		春	봄	춘		考	상고할	고#	
魚	물고기	어(鱼)		親	친할	친(亲)		告	알릴	고	*
言	말씀	언		太	클	태		曲	굽을	곡	
業	일	업		通	통할	통		公	공변될	공	
永	길	영	*	貝	조개	패(贝)	#	課	매길	과(课)	
英	꽃부리	영		便	편할	편	#	過	지날	과(过)	*
勇	날쌜	용	*	表	겉	표		關	관계할, 빗장	관(关)	
用	쓸	용	*	品	물건	품	*	觀	볼	관(观)	
友	벗	우	*	風	바람	풍		廣	넓을	광(广)	*
運	움직일	운	*	夏	여름(=昰)	하	*	橋	다리	교(桥)	
遠	멀	원(远)	*	行	다닐	행	#	求	구할	구	
原	언덕, 근본	원		幸	다행	행	*	君	임금	군	
元	으뜸	원		血	피	혈		貴	귀할	귀(贵)	
油	기름	유		形	모양	형		極	다할	극(极)	
肉	고기	육		號	이름	호	*	給	줄	급(给)	
銀	은	은(银)		花	꽃	화		期	기약할	기	
飮	마실	음	*	話	말씀	화(话)		技	재주	기#	
音	소리	음		和	화할, 화목할	화		基	터	기	
意	뜻	의	*	活	살	활		吉	길할	길	
者	놈	자		黃	누를	황		念	생각	념	*

能	능할	능		思	생각	사	#	億	억	억(亿)
談	말씀	담(谈)		師	스승	사(师)		如	같을	여
待	기다릴	대	*	史	역사	사	*	餘	남을	여
德	덕	덕		使	하여금	사	*	然	그럴	연
都	도읍	도		産	낳을	산(产)	*	熱	더울	열(热)
島	섬	도(岛)		算	셈	산	*	葉	잎	엽(叶)
到	이를	도	*	賞	상줄	상(赏)		屋	집	옥
動	움직일	동(动)	*	相	서로	상		溫	따뜻할	온
落	떨어질	락		商	장사	상		完	완전할	완
冷	찰	랭	*	常	항상	상		要	구할	요	#
兩	두	량(两)	*	序	차례	서	*	雨	비	우	*
良	어질	량		船	배	선		雲	구름	운(云)
量	헤아릴	량		仙	신선	선		園	동산	원(园)
歷	지낼	력(历)		善	착할	선	*	願	원할	원(愿)	*
領	옷깃	령(领)		雪	눈	설		由	말미암을	유
令	하여금, 명령할	령(令)	#	說	말씀	설(说)		義	옳을	의(义)	*
例	법식	례	*	星	별	성		醫	의원	의(医)
勞	수고로울	로(劳)		城	재	성		以	써	이	*
料	헤아릴	료	#	誠	정성	성(诚)		因	인할	인
流	흐를	류		洗	씻을	세	*	姊	맏누이	자
亡	망할	망		歲	해	세(岁)		再	두	재	*
望	바랄	망	*	送	보낼	송(送)	*	材	재목	재
買	살	매(买)	*	數	셈	수(数)		財	재물	재(财)
妹	아랫누이	매	*	守	지킬	수		爭	다툴	쟁(争)
賣	팔	매(卖)	#	宿	잠잘	숙		低	낮을	저	*
武	굳셀	무	*	順	순할	순(顺)		貯	쌓을	저(贮)
味	맛	미		視	볼	시(视)	*	的	과녁	적
未	아닐	미	#	試	시험	시(试)	#	赤	붉을	적
法	법	법		識	알	식(识)		典	법	전	*
兵	군사	병		臣	신하	신		戰	싸움	전(战)
報	갚을	보(报)	*	實	열매	실(实)		傳	전할	전(传)	*
福	복	복		氏	성씨	씨		展	펼	전
奉	받들	봉	*	兒	아이	아(儿)		店	가게	점
富	부자	부	*	惡	악할	악(恶)		庭	뜰	정
備	갖출	비(备)	*	案	책상, 생각	안	*	情	뜻	정
比	견줄	비	*	暗	어두울	암		定	정할	정	*
貧	가난할	빈(贫)		約	맺을	약(约)		調	고를	조(调)
氷	얼음	빙		養	기를	양(养)	*	助	도울	조	*
仕	벼슬할	사	*	漁	고기잡을	어(渔)		鳥	새	조(鸟)

급수별 선정한자 일람표

*표시는 길게 발음된 글자. # 표시는 장음 단음 두 가지로 발음된 글자임
(   )안은 간체자

早	이를	조	*	好	좋을	호	*	句	글귀	구	
存	있을	존		湖	호수	호		舊	옛	구(旧)	*
卒	군사	졸		畵	그림	화(画)	*	久	오랠	구	*
終	마칠	종(终)		化	될, 변화할	화	#	弓	활	궁	
種	씨	종(种)	#	患	근심	환	*	權	권세	권(权)	
罪	허물	죄	*	回	돌	회		均	고를	균	
注	물댈	주	*	效	본받을	효	*	禁	금할	금	*
止	그칠	지		訓	가르칠	훈(训)	*	及	미칠	급	
志	뜻	지		凶	흉할(=兇)	흉		其	그	기	
知	알	지		黑	검을	흑		起	일어날	기	
至	이를	지						乃	이에	내	*
紙	종이	지(纸)						怒	성낼	노	*
支	지탱할	지						端	바를	단	
進	나아갈	진(进)	*					丹	붉을	단	
眞	참	진(真)		街	거리	가	#	單	홑	단(单)	
質	바탕	질(质)		假	거짓	가	*	達	통달할	달(达)	
集	모일	집		佳	아름다울	가	*	徒	무리	도	
次	버금	차		干	방패	간		獨	홀로	독(独)	
參	참여할(셋 삼)	참(参)		看	볼	간		斗	말	두	
責	꾸짖을	책(责)		減	덜	감(减)	*	得	얻을	득	
鐵	쇠	철(铁)		甲	껍질, 갑옷	갑		燈	등잔	등(灯)	
初	처음	초		擧	들	거(举)	*	旅	나그네	려	
祝	빌	축		巨	클	거	*	連	이을	련(连)	
充	채울	충		建	세울	건		練	익힐	련(练)	*
忠	충성	충		乾	하늘	건		烈	매울, 뜨거울	렬	
致	이를	치	*	更	다시	갱		列	벌일	렬	
他	다를	타		慶	경사	경(庆)	*	論	논할	론(论)	
打	칠	타	*	競	다툴	경(竞)	*	陸	뭍	륙(陆)	
宅	집	택		耕	밭갈	경		倫	인륜	륜(伦)	
統	거느릴	통(统)	*	景	볕	경	#	律	법	률	
特	특별할	특		經	지날, 글	경(经)		滿	찰	만(满)	*
敗	패할	패(败)	*	庚	천간, 별	경		忘	잊을	망	
必	반드시	필		溪	시내	계		妙	묘할	묘	*
河	물	하		癸	천간	계	*	卯	토끼	묘	
寒	찰	한		故	연고	고	#	務	힘쓸	무(务)	*
害	해칠	해	*	谷	골	곡		尾	꼬리	미	
香	향기	향		骨	뼈	골		密	빽빽할	밀	
許	허락할	허(许)		官	벼슬	관		飯	밥	반(饭)	
現	나타날	현(现)	*	救	구원할	구	*	防	막을	방	
				究	궁구할	구					

4 급 선정 한자

한 자 자 격 시 험 4 급

房	방	방		戌	개, 지지	술		節	마디	절(节)
訪	찾을	방(访)	*	拾	주울	습		接	이을	접
拜	절	배	*	承	이을	승		停	머무를	정
伐	칠	벌		是	옳을	시	*	井	우물	정
變	변할	변(变)	*	辛	매울	신		精	정기	정
丙	남녘	병	*	申	펼, 지지	신		政	정사	정
保	지킬	보	#	眼	눈	안	*	除	덜	제
復	돌아올	복	*	若	같을, 만약	약		祭	제사	제	*
否	아닐	부	*	與	더불, 줄	여(与)	*	製	지을	제(制)	*
婦	지어미, 며느리	부		逆	거스를	역		兆	조	조
佛	부처	불		硏	갈	연	*	造	지을	조(造)	*
悲	슬플	비	*	榮	영화	영(荣)		尊	높을	존
非	아닐	비	*	藝	재주	예(艺)	*	坐	앉을	좌	*
鼻	코	비	*	誤	그릇될	오(误)		走	달릴	주
巳	뱀, 지지	사	*	往	갈	왕	*	朱	붉을	주
謝	사례할	사(谢)	*	浴	목욕할	욕		衆	무리	중(众)	*
私	사사로울	사		容	얼굴	용		增	더할	증
絲	실	사(丝)		遇	만날	우(遇)	*	持	가질	지
寺	절	사		雄	수컷	웅		指	손가락	지
舍	집	사		危	위태할	위		辰	별, 지지	진
散	흩어질	산	*	偉	클	위(伟)		着	붙을	착
想	생각	상	*	爲	할	위(为)	*	察	살필	찰
選	가릴	선(选)	*	遺	남길	유(遗)		唱	부를	창	*
鮮	고울	선(鲜)		酉	닭, 지지	유		册	책	책(册)
舌	혀	설		恩	은혜	은		處	곳, 살	처(处)	*
聖	성스러울	성(圣)	*	乙	새	을		聽	들을	청(听)
盛	성할	성	*	陰	그늘	음(阴)		請	청할	청(请)
聲	소리	성(声)		應	응할	응(应)	*	最	가장	최
細	가늘	세(细)	*	依	의지할	의		蟲	벌레	충(虫)
勢	권세	세(势)	*	異	다를	이(异)		取	가질	취
稅	세금	세	*	移	옮길	이		治	다스릴	치
笑	웃음	소	*	益	더할	익		齒	이	치(齿)
續	이을	속(续)		引	끌	인		則	법칙	칙(则)
俗	풍속	속		印	도장	인		針	바늘, 침(=鍼)	침(针)	#
松	소나무	송		寅	범	인		快	쾌할	쾌
收	거둘	수		認	알	인(认)		脫	벗을	탈
修	닦을	수		壬	천간, 북방	임	*	探	찾을	탐
受	받을	수	#	將	장수	장(将)	#	退	물러날	퇴	*
授	줄	수		適	맞을	적(适)		波	물결	파
純	순수할	순(纯)		敵	원수	적(敌)		判	판단할	판

급수별 선정한자 일람표 15

片	조각	편	#
布	베, 펼	포	#
暴	사나울	포	
筆	붓	필(笔)	
限	한정	한	*
解	풀	해	*
鄕	시골, 마을	향(乡)	
協	도울	협(协)	
惠	은혜	혜	*
呼	부를	호	
戶	지게문	호	*
婚	혼인할	혼	
貨	재화	화(货)	*
興	일어날	흥(兴)	#
希	바랄	희	

음과 뜻이 여럿인 한자

■8급■

父	1. 아비	부
	2. 남자미칭	보

■7급■

金	1. 쇠	금
	2. 성	김

■6급■

內	1. 안	내
	2. 여관(女官)	나
北	1. 북녘	북
	2. 달아날	배

■준5급■

車	1. 수레	거
	2. 수레	차
分	1. 나눌	분
	2. 푼	푼

不	1. 아니	불
	2. 아니	부
食	1. 밥	사
	2. 먹을	식
合	1. 합할	합
	2. 홉	홉

■5급■

見	1. 볼	견
	2. 뵐	현
度	1. 법도	도
	2. 헤아릴	탁
讀	1. 읽을	독
	2. 구절	두
洞	1. 골	동
	2. 꿰뚫을	통
樂	1. 즐거울	락
	2. 풍류	악
	3. 좋아할	요
省	1. 살필	성
	2. 덜	생
便	1. 편할	편
	2. 똥오줌	변

■준4급■

告	1. 알릴	고
	2. 뵙고청할	곡
說	1. 말씀	설
	2. 달랠	세
	3. 기쁠	열
數	1. 셈	수
	2. 자주	삭
	3. 빽빽할	촉
宿	1. 잠잘	숙
	2. 별자리	수
識	1. 알	식
	2. 기록할	지
氏	1. 성씨	씨
	2. 나라이름	지

惡	1. 악할	악
	2. 미워할	오
葉	1. 잎	엽
	2. 땅이름	섭
參	1. 참여할	참
	2. 석	삼(三)
宅	1. 집	택
	2. 집	댁
畫	1. 그림	화
	2. 그을	획

■4급■

乾	1. 하늘	건
	2. 마를	간(건)
更	1. 다시	갱
	2. 고칠	경
丹	1. 붉을	단
	2. 꽃이름	란
復	1. 돌아올	복
	2. 다시	부
否	1. 아닐	부
	2. 막힐	비
寺	1. 절	사
	2. 관청	시
拾	1. 주울	습
	2. 열	십(十)
若	1. 같을(만약)	약
	2. 절	야
切	1. 끊을(간절할)	절
	2. 모두	체
辰	1. 별,지지	진
	2. 때	신
則	1. 법칙	칙
	2. 곧	즉
布	1. 펼	포
	2. 펼	보(속음)
暴	1. 사나울	포
	2. 드러낼	폭
	3. 사나울	폭

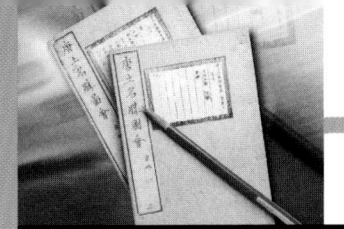

4급 교과서 한자어 일람표

※ 아래 한자어들은 교과서에 있는 단어(한자어) 중 자주 쓰이거나 꼭 알아두어야 할 한자어입니다.
교과서 한자어의 한자 쓰기 문제는 출제되지 않습니다.

가채	可採	기단	氣團	배경	背景
가치	價値	기압	氣壓	배려	配慮
간척	干拓	기업	企業	배타주의	排他主義
갈등	葛藤	기지	機智	보통선거	普通選擧
강수량	降水量	기호	嗜好	복지	福祉
개기월식	皆旣月蝕	나태	懶怠	봉건제도	封建制度
검소	儉素	납세	納稅	부도심	副都心
게시판	揭示板	농도	濃度	분단	分斷
격차	隔差	다원사회	多元社會	분석	分析
경제	經濟	답사	踏査	불포화	不飽和
고증학	考證學	대본	臺本	붕당	朋黨
공경	恭敬	대중매체	大衆媒體	비교	比較
공연	公演	도체	導體	비속어	卑俗語
공황	恐慌	돌연변이	突然變異	비유	比喩
과장	誇張	연대	連帶	비율	比率
과점	寡占	마찰력	摩擦力	사법부	司法府
관성	慣性	매장	埋藏	사전	辭典
관용	寬容	맥락	脈絡	삭망월	朔望月
관용표현	慣用表現	면역	免疫	산책	散策
국보	國寶	모방	模倣	상식	常識
근거	根據	묘사	描寫	상징	象徵
근면	勤勉	박람회	博覽會	서술	敍述
금융	金融	박물관	博物館	선택	選擇
긍정	肯定	반사	反射	세포	細胞
긍지	矜持	반영	反映	소비	消費
기공	氣孔	방종	放縱	소통	疏通

수요	需要	전도	顚倒	추천	推薦
수입	輸入	전제정치	專制政治	축척	縮尺
수필	隨筆	절대왕정	絕對王政	취향	趣向
순장	殉葬	정서	情緒	타협	妥協
시설작물	施設作物	제국주의	帝國主義	토의	討議
실천	實踐	제정일치	祭政一致	투자	投資
심상	心象	조경수역	潮境水域	투표	投票
암석	巖石	조약	條約	판매	販賣
여가	餘暇	존엄	尊嚴	편서풍	偏西風
여론	輿論	죽림칠현	竹林七賢	평형	平衡
연상	聯想	준법정신	遵法精神	표준어	標準語
영장	令狀	중계무역	中繼貿易	한대기후	寒帶氣候
예견	豫見	증산작용	蒸散作用	함수	函數
예금	預金	증후군	症候群	함축	含蓄
오염	汚染	지구촌	地球村	혁명	革命
우주	宇宙	지조	志操	혈연	血緣
위성도시	衛星都市	지진	地震	형태소	形態素
유대	紐帶	지층	地層	확률	確率
유신	維新	질서	秩序	환경	環境
은어	隱語	책임	責任	환곡	還穀
음운	音韻	천부	天賦	효율	效率
익명성	匿名性	첨단	尖端	훈고학	訓詁學
자비	慈悲	청렴	淸廉	희곡	戲曲
장원	莊園	체조	體操	희소성	稀少性
재판	裁判	초과	超過		
저항	抵抗	추억	追憶		

1 자연 수학 환경

1-1. 선정 한자 익히기
1-2. 교과서 한자어 자세히 알기
1-3. 알아두면 유익한 한자성어
1-4. 단원 마무리 연습문제

| 학습의 주안점 |
이 단원에서는 자연과 수학, 그리고 환경과 관련 있는
한자들을 읽고 쓰며, 그 뜻을 정확히 알도록 노력합시다.

www.hanja114.org

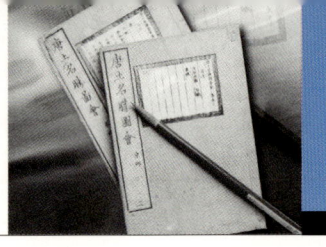

 **새로 익힐 선정 한자**

干	방패	간	卯	토끼	묘	壬	천간, 북방	임
減	덜	감	防	막을	방	除	덜	제
甲	갑옷	갑	變	변할	변	兆	조	조
巨	클	거	鼻	코	비	走	달릴	주
乾	하늘	건	巳	뱀	사	增	더할	증
庚	천간, 별	경	散	흩어질	산	辰	별, 지지	진
溪	시내	계	選	가릴	선	蟲	벌레	충
癸	천간	계	舌	혀	설	齒	이	치
谷	골	곡	戌	개	술	探	찾을	탐
骨	뼈	골	申	펼, 지지	신	波	물결	파
起	일어날	기	眼	눈	안	解	풀	해
斗	말	두	酉	닭	유	貨	재화	화
烈	뜨거울	렬	陰	그늘	음			
陸	뭍	륙	寅	범	인			

 교과서에 나오는 한자어

강수량	降水量	면역	免疫	증산작용	蒸散作用
개기월식	皆旣月蝕	반사	反射	증후군	症候群
관성	慣性	불포화	不飽和	지진	地震
기공	氣孔	비율	比率	지층	地層
기단	氣團	삭망월	朔望月	초과	超過
기압	氣壓	세포	細胞	평형	平衡
농도	濃度	암석	巖石	함수	函數
도체	導體	오염	汚染	확률	確率
돌연변이	突然變異	우주	宇宙	환경	環境
마찰력	摩擦力	저항	抵抗		

선정 한자 익히기

훈	방패 범할 얼마	음	간	부수	干
필순	一二干			총획	3

도움말
나뭇가지로 만든 두 갈래의 창의 모양을 본뜬 글자로, 무기로 적을 막는다는 데서 '방패'의 뜻을 지닌다.

용례
干涉(간섭) 干與(간여)
若干(약간) 天干(천간)

훈	덜	음	감	부수	水(氵)
필순	丶氵氿減減			총획	12

도움말
'水'(물 수)와 '咸'(모두 함)을 더한 글자로, 물이 줄어 간다는 데서 '덜다'의 뜻을 지닌다.

용례
減量(감량) 減少(감소)
減縮(감축) 差減(차감)

훈	껍질 갑옷 첫째	음	갑	부수	田
필순	1 口日日甲			총획	5

도움말
초목의 싹이 씨의 껍질을 쓰고 땅 밖으로 돋아나온 모양을 본뜬 글자로, '갑옷'의 뜻을 지닌다.

용례
甲富(갑부) 同甲(동갑)
遁甲(둔갑)

훈	클	음	거	부수	工
필순	一エヨ巨			총획	5

도움말
목수가 손에 큰 자를 쥔 모양을 본뜬 글자로, '크다'의 뜻을 지닌다.

용례
巨金(거금) 巨頭(거두)
巨額(거액) 巨人(거인)

훈	① 하늘, 아버지 ② 마를	음	① 건 ② 간(건)	부수	乙
필순	十古古卓乾乾			총획	11

도움말
'倝'(해돋을 간)과 '乙'(새 을)을 더한 글자로, 아침 해가 뜨는 곳이나, 초목의 싹이 향하는 곳은 하늘로 '하늘'의 뜻을 지닌다.

용례
乾坤(건곤) 乾杯(건배)
乾性(건성)

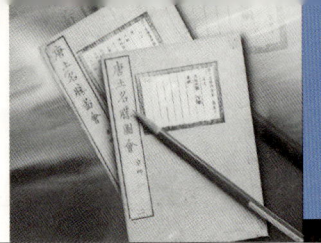

한 자 자 격 시 험 4 급

도움말
'广'(집 엄)과 '攴'(절굿공이 오)를 더한 글자로, 절굿공이로 곡식을 찧는 것을 나타낸다.

용례
庚伏(경복) 同庚(동경)

	훈	천간 별	음	경	부수	广
	필순	丶广广庐庚庚			총획	8

도움말
'水'(물 수)와 '系'(이을 계)와 '大'(큰 대)를 더한 글자로, 골짜기에서 흐르는 물이 시내라는 데서 '시내'의 뜻을 지닌다.

용례
溪谷(계곡) 淸溪(청계)
溪流(계류)

	훈	시내	음	계	부수	水(氵)
	필순	丶氵氵汐溪溪			총획	13

도움말
끝이 세 갈래로 된 창을 땅에 세워 둔 모양을 본뜬 글자.

용례
癸方(계방)

	훈	천간 월경	음	계	부수	癶
	필순	丿フマ癶癶癸癸			총획	9

도움말
'水'(물 수-의 변형)와 '口'(입 구)를 더한 글자로, 샘물이 솟아나는 구멍이 있는 곳이 골짜기라는 데서 '골짜기'의 뜻을 지닌다.

용례
溪谷(계곡) 峽谷(협곡)

	훈	골 골짜기	음	곡	부수	谷
	필순	丶丷八父父谷			총획	7

도움말
'冎'(살 발라낼 과)와 '月'(고기 육)을 더한 글자로, 살이 붙어 있는 뼈를 뜻하는 글자.

용례
骨格(골격) 骨盤(골반)
頭骨(두골) 弱骨(약골)

	훈	뼈	음	골	부수	骨
	필순	丨冂冎骨骨			총획	10

선정 한자 익히기

훈	일어날 시작할	음	기	부수	走
필순	土 キ キ 走 起 起			총획	10

도움말
'走'(달아날 주)와 '己'(몸 기)를 더한 글자로, 달아나기 위해서는 몸을 일으켜야 한다는 데서 '일어나다'의 뜻을 지닌다.

용례
起床(기상)　起立(기립)
發起(발기)　喚起(환기)

훈	말 골짜기	음	두	부수	斗
필순	` ` 二 斗			총획	4

도움말
곡식을 담아 양을 헤아리는 말의 모양을 본떠 만든 글자.

용례
北斗七星(북두칠성)
泰山北斗(태산북두)

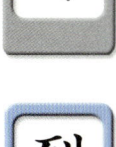

훈	뜨거울 사나울	음	렬	부수	火
필순	一 ア ᄌ 列 烈			총획	10

도움말
'列'(벌일 렬)과 '火'(불 화)를 더한 글자로, 불꽃이 많이 퍼져 있어 불길이 세다는 데서 '뜨겁다'는 뜻을 지닌다.

용례
强烈(강렬)　激烈(격렬)
壯烈(장렬)

훈	뭍	음	륙	부수	阜(阝)
필순	阝 阝' 阵 陸 陸			총획	11

도움말
'阝'(언덕 부)와 '坴'(언덕 륙)을 더한 글자로, 언덕과 언덕이 높고 낮게 잇닿아 있는 곳이라는 데서 '뭍, 육지'의 뜻을 지닌다.

용례
陸地(육지)　內陸(내륙)
上陸(상륙)　着陸(착륙)

훈	토끼, 지지	음	묘	부수	卩
필순	´ 乚 乧 乧 卯			총획	5

도움말
양쪽 문짝의 열어 젖힌 모양을 본뜬 글자

용례
卯時(묘시)

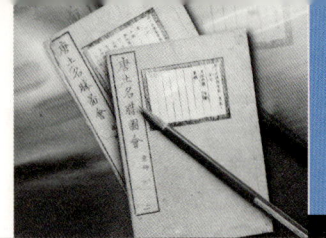

한 자 자 격 시 험 4 급

도움말
'阝'(언덕 부)와 '方'(방위 방)을 더한 글자로, 물이 흐르는 한쪽 방향을 막아 둑을 세웠다는 데서 '막다'의 뜻을 지닌다.

용 례
防水(방수) 防止(방지)
豫防(예방) 防火(방화)

막을 **방**

훈	막을 방죽	음	방	부수	阜(阝)
필순	阝阝阝阝防防			총획	7

도움말
'言'(말씀 언)과 '絲'(실 사)와 '攵'(뒤져올 치)를 더한 글자로, 말이 오고 가면서 화제가 바뀐다는 데서 '변하다'의 뜻을 지닌다.

용 례
變化(변화) 變更(변경)
變心(변심) 不變(불변)

변할 **변**

훈	변할 재앙	음	변	부수	言
필순	言結結戀變			총획	23

도움말
'自'(스스로 자)와 '卑'(줄 비)를 더한 글자로, 코를 가리키는 '自'와 콧물을 가리키는 '卑'를 더해 '코'라는 뜻을 나타낸다.

용 례
鼻音(비음) 耳目口鼻(이목구비)
吾鼻三尺(오비삼척)

코 **비**

훈	코 처음	음	비	부수	鼻
필순	自自鳥畠鼻			총획	14

도움말
뱀의 몸을 본떠 만든 글자

용 례
巳時(사시)

뱀 **사**

훈	뱀, 지지	음	사	부수	己
필순	그그巳			총획	3

도움말
'廿'(스물 입)과 '月'(고기 육), '攵'(칠 복)을 더한 글자로, 고기 덩어리를 회초리로 치니 흩어진다는 데서 '흩어지다'의 뜻을 지닌다.

용 례
散漫(산만) 散文(산문)
離散(이산) 解散(해산)

흩어질 **산**

훈	흩어질 한가로울	음	산	부수	攴
필순	廿丱昔背散散			총획	12

1. 자연 수학 환경

선정 한자 익히기

훈	가릴	음	선	부수	辶
필순	' ㄹ 巴 巽 巽 選			총획	16

도움말

'辶'(쉬엄쉬엄갈 착)과 '巽'(유순할 손)을 더한 글자로, 신에게 제사를 지낼 유순한 사람을 뽑는다는 데서 '가리다'의 뜻을 지닌다.

용 례

選擧(선거) 選拔(선발)
選出(선출) 本選(본선)

훈	혀 말	음	설	부수	舌
필순	一 二 千 千 舌 舌			총획	6

도움말

'干'(방패 간)과 '口'(입 구)를 더한 글자로, 입이 하는 일을 도와주는 방패가 혀라는 데서 '혀'의 뜻을 지닌다.

용 례

舌戰(설전) 毒舌(독설)

훈	개, 지지	음	술	부수	戈
필순	ノ 厂 F 戊 戌 戌			총획	6

도움말

'戊'(무성할 무)와 '一'(한 일)을 더한 글자

용 례

戌時(술시) 戌年(술년)

훈	펼 원숭이, 지지	음	신	부수	田
필순	1 口 日 日 申			총획	5

도움말

양손을 허리에 대고 몸을 편 모양을 본뜬 글자

용 례

申告(신고) 申請(신청)
申申當付(신신당부)

훈	눈 요점	음	안	부수	目
필순	1 日 日³ 眼 眼 眼			총획	11

도움말

'目'(눈 목)과 '艮'(그칠 간)을 더한 글자로, 눈알을 굴렸다가 제자리로 돌아가 그친다는 데서 '눈'의 뜻을 지닌다.

용 례

眼鏡(안경) 眼科(안과)
眼目(안목) 着眼(착안)

1-1. 선정 한자 익히기 25

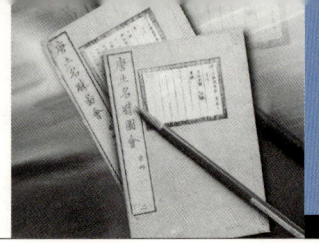

한 자 자 격 시 험 4 급

도움말
술을 담그는 술병의 모양을 본떠 만든 글자로 움직임은 '바람'이라는 뜻을 지닌다.

용례
酉年(유년) 酉時(유시)

닭 유

훈	닭, 지지 술병	음	유	부수	酉
필순	一 丆 丙 西 西 酉			총획	7

도움말
'阝'(언덕 부)와 '今'(그늘 음)을 더한 글자로, 산이나 언덕에 가려서 햇살이 들지 않는 곳이 '그늘'이라는 뜻을 지닌다.

용례
陰地(음지) 陰散(음산)
陰沈(음침) 光陰(광음)

그늘 음

훈	그늘 세월 몰래	음	음	부수	阜(阝)
필순	阝 阝' 阝^ 阠 陰 陰			총획	11

도움말
'宀'(집 면)과 '人'(사람 인)과 '臼'(양손을 뜻하는 한자)를 더한 글자

용례
寅年(인년) 寅時(인시)

범 인

훈	범, 지지 삼갈	음	인	부수	宀
필순	宀 宙 宙 审 寅 寅			총획	11

도움말
베틀에서 날실을 감는 축의 모양을 본뜬 글자

용례
壬年(임년) 壬時(임시)
壬辰倭亂(임진왜란)

천간 임

훈	천간, 북방	음	임	부수	士
필순	丿 二 千 壬			총획	4

도움말
'阝'(언덕 부)와 '余'(남을 여)를 더한 글자. '余'는 '舍'(집 사)와 같은 글자로 집의 계단은 항상 깨끗해야 한다는 데서 '버리다, 제거하다'의 뜻을 지닌다.

용례
除去(제거) 除名(제명)
除外(제외) 削除(삭제)

덜 제

훈	덜 벼슬 줄	음	제	부수	阜(阝)
필순	阝 阝' 阝^ 陉 除 除			총획	10

1. 자연 수학 환경

선정 한자 익히기

훈	조	음	조	부수	儿
필순				총획	6

도움말
거북이의 등껍질이 갈라져 터진 모양을 본떠 만든 글자

용례
兆朕(조짐) 吉兆(길조)
亡兆(망조)

훈	달릴	음	주	부수	走
필순	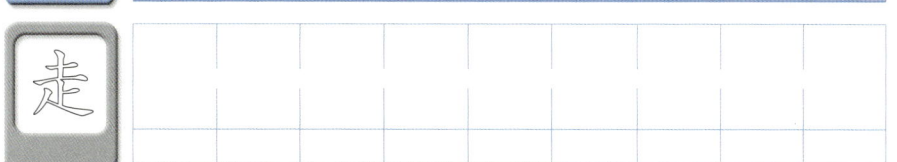			총획	7

도움말
'土'(흙 토)와 '止'(그칠 지)를 더한 글자로, 땅에 발을 딛고 달려간다는 뜻에서 '달리다'라는 뜻을 지닌다.

용례
走力(주력) 走行(주행)
競走(경주) 疾走(질주)

훈	더할 많아질	음	증	부수	土
필순	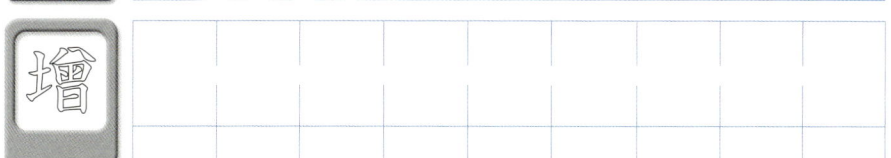			총획	15

도움말
'土'(흙 토)와 '曾'(거듭 증)을 더한 글자로, 흙 위에 흙을 거듭 더한다는 데서 '더하다'의 뜻을 지닌다.

용례
增加(증가) 增大(증대)
增築(증축) 增幅(증폭)

훈	① 별, 지지 ② 때	음	① 진 ② 신	부수	辰
필순				총획	7

도움말
'乙'(굽을 을)과 '匕'(숟가락 비), '二'(=上 윗 상)과 '厂'(집 엄)을 더한 글자

용례
辰時(진시) 辰年(진년)
壬辰倭亂(임진왜란)

훈	벌레	음	충	부수	虫
필순				총획	18

도움말
'虫'(벌레 훼)를 세 개 더한 글자로, '벌레'를 뜻한다.

용례
蟲齒(충치) 昆蟲(곤충)
食蟲(식충) 害蟲(해충)

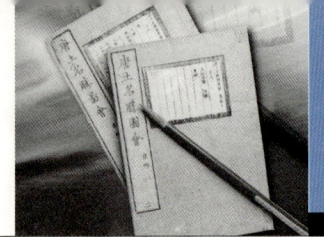

 이 치	훈	이 나이	음	치	부수	齒
	필순	丨止产齿齒齒			총획	15

도움말
이가 난 모양을 본떠 만든 글자

용례
齒牙(치아) 齒科(치과)
齒藥(치약) 蟲齒(충치)

 찾을 탐	훈	찾을	음	탐	부수	手(扌)
	필순	一扌扩扩探探			총획	11

도움말
'手'(손 수)와 '罙'(깊을 심)을 더한 글자로, 손으로 깊은 곳을 더듬어 찾는다는 데서 '찾다'의 뜻을 지닌다.

용례
探求(탐구) 探險(탐험)
探問(탐문) 探偵(탐정)

 물결 파	훈	물결	음	파	부수	水(氵)
	필순	丶氵氵汁波波			총획	8

도움말
'水'(물 수)와 '皮'(가죽 피)를 더한 글자로, 물의 가죽은 항상 움직여 물결을 이룬다는 데서 '물결'의 뜻을 지닌다.

용례
波濤(파도) 波紋(파문)
人波(인파) 寒波(한파)

 풀 해	훈	풀 느슨해질	음	해	부수	角
	필순	''角角解解			총획	13

도움말
'角'(뿔 각)과 '刀'(칼 도), '牛'(소 우)를 더한 글자로, 칼로 소의 뿔에 이르기까지 풀어 해부한다는 데서 '풀다'의 뜻을 지닌다.

용례
解答(해답) 解決(해결)
解剖(해부) 解散(해산)

 재화 화	훈	재화	음	화	부수	貝
	필순	亻亻化化貨貨			총획	11

도움말
'化'(될 화)와 '貝'(조개 패)를 더한 글자로, 돈으로 바꿀 수 있는 '재화'라는 뜻을 지닌다.

용례
貨幣(화폐) 貨物(화물)
財貨(재화)

1. 자연 수학 환경

교과서 한자어 자세히 알기

강수량 — 降水量

- **훈음**: 내릴 **강**, 물 **수**, 헤아릴 **량**
- **풀이**: 비·눈·우박 따위가 지상에 내린 것을 모두 물로 환산한 분량
- **쓰임**: 여름과 겨울의 降水量의 차이가 크다.

개기 월식 — 皆旣月蝕

- **훈음**: 다 **개**, 이미 **기**, 달 **월**, 좀먹을 **식**
- **풀이**: 지구가 해를 완전히 가리어 달이 지구의 그림자 속에 들어가서 달 전체가 보이지 않는 현상
- **쓰임**: 皆旣 月蝕은 태양, 지구, 달의 순서로 일직선을 이룰 때 일어난다.

관성 — 慣性

- **훈음**: 버릇 **관**, 성품 **성**
- **풀이**: 물체가 순간의 상태를 계속 유지하려는 물체의 속성
- **쓰임**: 구르는 바퀴는 慣性에 의해 계속 구르려고 한다.

기공 — 氣孔

- **훈음**: 기운 **기**, 구멍 **공**
- **풀이**: 잎의 표피에 있는 구멍으로 공기가 드나드는 통로
- **쓰임**: 식물은 氣孔을 통하여 호흡작용 및 증산작용을 한다.

기단 — 氣團

- **훈음**: 기운 **기**, 둥글, 모일 **단**
- **풀이**: 넓은 범위에 걸쳐 기온과 습도가 거의 같은 공기 덩어리
- **쓰임**: 氣團과 날씨 사이에는 밀접한 관계가 있다.

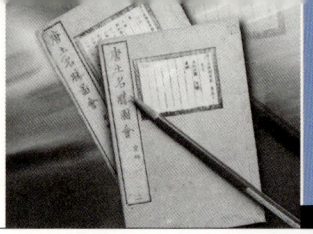

한자자격시험 4급

기압 氣壓
- **훈음** 기운 **기**, 누를 **압**
- **풀이** 대기의 압력
- **쓰임** 공기는 氣壓이 높은 곳에서 낮은 곳으로 이동한다.

농도 濃度
- **훈음** 짙을 **농**, 법도 **도**
- **풀이** 용액의 묽고 진한 정도
- **쓰임** 용액에 녹아 있는 용질의 양이 많을수록 濃度가 짙다.

도체 導體
- **훈음** 인도할, 이끌 **도**, 몸 **체**
- **풀이** 전기 저항이 작아서 전류가 잘 흐르는 물체
- **쓰임** 은과 구리는 導體 중에서도 저항이 매우 작아서 전선의 재료로 사용하기에 적당하다.

돌연변이 突然變異
- **훈음** 갑자기, 부딪힐 **돌**, 그럴 **연**, 변할 **변**, 다를 **이**
- **풀이** 부모에게 없는 형질이 갑자기 나타난 것
- **쓰임** 생식 세포에 突然變異가 일어나면 부모에게 없는 형질이 그 자손에서 갑자기 나타나며, 그 형질은 다음 자손에게 전해져 나타난다.

마찰력 摩擦力
- **훈음** 문지를, 갈 **마**, 비빌 **찰**, 힘 **력**
- **풀이** 접촉면에서 물체의 운동을 방해하는 힘
- **쓰임** 摩擦力은 접촉면의 상태에 따라 크기가 달라진다.

교과서 한자어 자세히 알기

면역 免疫
- **훈음**: 면할 **면**, 염병 **역**
- **풀이**: 생물이 항원의 공격에 저항하는 능력
- **쓰임**: 운동을 하면 질병에 대한 免疫 기능이 강화된다.

반사 反射
- **훈음**: 돌이킬 **반**, 쏠 **사**
- **풀이**: 자극에 대하여 무의식적으로 일어나는 신체의 반응
- **쓰임**: 대뇌에 의해 과거의 경험이 조건이 되어 일어나는 反射는 조건 反射이다.

불포화 不飽和
- **훈음**: 아니 **불**, 배부를 **포**, 화할 **화**
- **풀이**: 포화 용액일 때보다 용질이 적게 녹아 있는 상태
- **쓰임**: 공기 속에 포함되어 있는 수증기량이 같더라도 온도에 따라 포화 상태가 되기도 하고 不飽和상태가 되기도 한다.

비율 比率
- **훈음**: 견줄 **비**, 비율 **률**
- **풀이**: 둘 이상의 수를 비교해 나타낼 때, 그 중 한 수를 기준으로 하여 나타낸 다른 수의 비교 값
- **쓰임**: 주사위를 던질 때 5의 눈이 나올 경우의 수의 比率은 6분의 1이다.

삭망월 朔望月
- **훈음**: 초하루 **삭**, 바랄 **망**, 달 **월**
- **풀이**: 달의 모양이 변하여 다시 같은 모양이 될 때까지 걸리는 시간
- **쓰임**: 옛날 사람들은 朔望月을 음력 한 달로 정하였다.

한 자 자 격 시 험 4 급

세포 細胞	훈음	가늘 **세**, 태보 **포**
	풀이	생물체를 구성하는 최소의 단위로서의 원형질
	쓰임	細胞는 어느 정도 자라면 더 이상 커지지 못하고 두 개의 細胞로 細胞분열을 한다.

암석 巖石	훈음	바위 **암**, 돌 **석**
	풀이	바위
	쓰임	巖石은 퇴적암, 화성암, 변성암으로 구분된다.

오염 汚染	훈음	더러울 **오**, 물들일 **염**
	풀이	더러워짐
	쓰임	환경 汚染이 점점 심해지고 있다.

우주 宇宙	훈음	집 **우**, 집 **주**
	풀이	온 세계를 둘러싸고 있는 공간
	쓰임	미래에는 宇宙선을 타고 어렵지 않게 宇宙 여행을 할 수 있다.

저항 抵抗	훈음	거스를, 막을 **저**, 겨룰, 막을 **항**
	풀이	도선에 흐르는 전류의 세기가 각종 전기 기구나 도선에 의해 받게 되는 방해
	쓰임	도자기, 고무, 플라스틱 등은 抵抗이 매우 커서 전류가 거의 흐르지 않는다.

1. 자연 수학 환경

교과서 한자어 자세히 알기

증산작용 — 蒸散作用
- **훈음**: 찔 **증**, 흩을 **산**, 지을 **작**, 쓸 **용**
- **풀이**: 식물체 내의 물이 수증기가 되어 기공을 통하여 배출되는 현상
- **쓰임**: 蒸散作用은 뿌리에서 흡수한 물을 위로 올라가게 하는 원동력이 된다.

증후군 — 症候群
- **훈음**: 증세 **증**, 물을 **후**, 무리 **군**
- **풀이**: 몇 가지 증세가 늘 함께 인정되나, 그 원인이 분명하지 않거나 하나가 아닐 때에 병 이름에 따라 붙이는 명칭
- **쓰임**: 다운 症候群은 염색체의 이상에 의해 생기는 병이다.

지진 — 地震
- **훈음**: 땅 **지**, 진동할, 벼락 **진**
- **풀이**: 땅 속의 급격한 변화로 땅이 흔들리거나 갈라지는 현상
- **쓰임**: 큰 地震이 발생하면 땅이 갈라지고 집이 무너지기도 한다.

지층 — 地層
- **훈음**: 땅 **지**, 층 **층**
- **풀이**: 암석이 층으로 쌓여있는 것
- **쓰임**: 地層은 강바닥이나 강가, 호숫가, 바다에 주로 진흙, 모래, 자갈 등이 쌓여서 생긴 것이다.

초과 — 超過
- **훈음**: 넘을 **초**, 지날 **과**
- **풀이**: 일정한 수나 한도를 넘음
- **쓰임**: 160보다 큰 수를 '160 超過인 수'라고 한다.

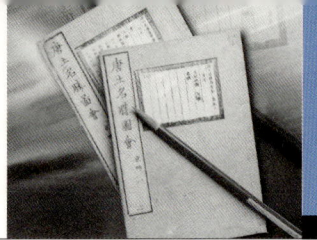

평형 平衡

- **훈음**: 평평할 **평**, 저울 **형**
- **풀이**: 한 물체에 여러 힘이 작용하여도 힘이 작용하지 않는 것과 같은 상태
- **쓰임**: 우리 몸의 회전이나 이동, 자세 등을 느끼는 감각을 平衡 감각이라고 한다.

함수 函數

- **훈음**: 함 **함**, 셀 **수**
- **풀이**: 두 변수 x와 y사이에, x의 값이 정해짐에 따라 y의 값이 정해지는 관계에서 x에 대하여를 이르는 말
- **쓰임**: 일차函數의 그래프는 직선이다.

확률 確率

- **훈음**: 굳을 **확**, 비율 **률**
- **풀이**: 어떤 일이 일어날 확실성의 정도나 그것을 나타내는 수치
- **쓰임**: 모든 경우의 수에 대한 어떤 사건이 일어날 경우의 수의 비율을 確率이라고 한다.

환경 環境

- **훈음**: 고리 **환**, 지경 **경**
- **풀이**: 주위의 사물이나 사정
- **쓰임**: 우리의 環境이 쓰레기나 산업 폐기물 등으로 오염되고 있다.

고사성어와 한자성어

 고사성어

 계란유골

'계란에 뼈가 있다.' 는 뜻으로, 운이 나쁜 사람은 모처럼 좋은 기회가 와도 일이 잘 안 풀린다는 뜻.

 '뒤로 넘어져도 코가 깨진다' 라는 속담이 있습니다. 운이 나쁜 사람에게 모처럼의 기회가 왔는데도 일이 잘 안 풀릴 때 쓰는 말이지요. 이럴 때 쓰는 고사성어로는 '계란유골' 이라는 표현이 있습니다. 말 그대로는 계란에 뼈가 있다는 말인데, 이는 황희 정승의 이야기에서 유래한 것입니다.

옛날 이야기에 자주 등장하는 황희 정승은 조선 세종 때 영의정을 지낸 분입니다. 황희(黃喜)는 학문이 깊을 뿐 아니라 어질고 검소한 생활을 한 것으로 유명합니다. 관복이 한 벌 뿐이었을 정도로 살림이 궁색했지만 남의 도움은 극구 사양했습니다. 세종대왕은 황희의 생활이 어려운 것을 알고 도움을 주고자 궁리하여 묘안을 얻었습니다. 왕은 "내일 아침 일찍 남대문을 열었을 때부터 문을 닫을 때까지 남대문 안으로 들어오는 물건을 다 사서 황 정승에게 주겠노라"라고 하였습니다.

그러나 '가는 날이 장날' 이라고 새벽부터 몰아친 폭풍우 때문에 문을 드나드는 장사치가 한 명도 없었습니다. 그러다가 날이 어두워져 문을 닫으려 할 때 시골 영감이 달걀 한 꾸러미를 들고 들어왔습니다. 왕은 약속대로 이 달걀을 사서 황희에게 주었습니다. 그런데 황희가 달걀을 가지고 집으로 돌아와 삶아 먹으려고 하자 달걀이 모두 곯아서 한 알도 먹지 못하고 말았습니다. 고사성어에는 달걀에 '뼈가 있다' 고 되어있는데, 이것은 달걀이 '곯았다' 를 표현할 때 '곯다' 라는 뜻과 음이 유사한 한자 '骨(골)' 을 쓴 데서 온 것으로 보입니다.

'계란유골(鷄卵有骨)' 은 황희처럼 운이 나쁜 사람은 모처럼의 좋은 기회가 와도 무엇하나 뜻대로 되는 일이 없음을 가리키는 말입니다. '재수 없는 포수는 곰을 잡아도 웅담이 없다.' '도둑을 맞으려면 개도 안 짖는다.' '밀가루 장수를 하면 바람이 불고 소금 장수를 하면 비가 온다.' 는 표현도 같은 경우에 쓰입니다. 그러나 어떤 사람이나 매번 '계란유골' 의 경우를 당하는 것은 아닙니다. 어려운 상황이 계속되더라도 자포자기(自暴自棄)하기 보다는 긍정적인 태도로 문제를 해결하기 위해 노력하는 것이 중요합니다.

한자자격시험 4급

입술 순 잃을 망 이 치 찰 한

 순망치한

'입술이 없어지면 이가 시리다.'는 뜻으로, 가까이 있는 둘 중의 하나가 망하면 다른 하나도 위태로워진다는 뜻.

　　서로 간의 이해관계가 밀접하여 어느 한 쪽이 망하면 다른 한 쪽도 화를 면하기 어려운 경우가 많습니다. 이를 비유하는 말로는 '입술이 없어지면 이가 시리다.'라는 뜻의 '순망치한' 이라는 고사성어가 있습니다.

　　춘추시대 말기에 진(晉)나라 헌공은 주변의 작은 나라들을 병합하여 점차 세력을 키워갔습니다. 헌공이 괵나라를 공격할 야심을 품었는데, 이를 위해서는 우나라를 통과해야 했습니다. 이에 우나라 우공에게 그곳을 지나도록 허락해 줄 것을 요청했습니다.

　　우나라의 현명한 신하인 궁지기(宮之奇)는 헌공의 속셈을 알고 우왕에게 아뢰었습니다.

　　"이를 허락하시면 안 됩니다. 괵나라는 우나라의 울타리와 같은 나라이므로 만약 괵나라가 망한다면 우나라도 망할 것이옵니다. 옛 속담에도 입술이 없어지면 이가 시리다(脣亡齒寒)고 했습니다. 이는 바로 괵나라와 우나라의 관계를 말한 것입니다."

　　그러나 사태를 파악하지 못한 우왕은 진나라가 지나가도록 허락해 주었습니다. 궁지기는 후환이 두려워 "우리 나라는 올해를 넘기지 못할 것이다."라는 말을 남기고 가족과 함께 우나라를 떠났습니다. 궁지기의 예견대로 진나라는 12월에 괵나라를 정벌하고 돌아오는 길에 우나라도 정복하고 말았다고 합니다.

　　보통 큰 기업들은 작은 중소업체에게 일을 주고 그 일에 대한 대가를 지불합니다. 이 때 대기업이 현금으로 결제해 주면 중소기업의 부담이 크게 줄게 되고 운영이 더욱 잘 될 수 있습니다. 이는 바로 대기업의 원활한 운영과 기술개발로 이어질 수 있을 것입니다. 얼마 전 우리 나라 어떤 기업에서는 중소기업에게 결제를 할 때 100% 현금으로 결제를 해 주기로 했답니다. 이는 대기업과 중소기업이 '순망치한' 의 관계임을 알고 서로를 배려하고 격려하는 예가 될 수 있습니다.

고사성어와 한자성어

알아두면 유익한 한자성어

甲(갑옷 갑) 男(사내 남) 乙(새 을) 女(여자 녀)

🧘 **갑남을녀** = 匹夫匹婦(필부필부)
'갑이라는 남자와 을이라는 여자'라는 뜻으로, 신분이나 이름이 알려지지 않은 평범한 보통 사람.

結(맺을 결) 者(놈 자) 解(풀 해) 之(갈, 어조사 지)

🧘 **결자해지**
'맺은 사람이 그것을 풀어야 한다.'는 뜻으로, 일을 벌인 사람이 그 일을 마무리해야 한다는 뜻.

骨(뼈 골) 肉(고기 육) 相(서로 상) 爭(다툴 쟁)

🧘 **골육상쟁** = 骨肉相殘(골육상잔)
'뼈와 살이 서로 다툰다.'는 뜻으로, 같은 민족끼리 서로 싸우는 경우.

東(동녘 동) 奔(달릴 분) 西(서녘 서) 走(달릴 주)

🧘 **동분서주**
'동쪽으로 달리고 서쪽으로 달린다.'는 뜻으로, 여기저기 몹시 바쁘게 돌아다니는 경우.

한자자격시험 4급

안하무인
眼 눈 안 / 下 아래 하 / 無 없을 무 / 人 사람 인

'눈 아래에 사람이 없다.'는 뜻으로, 사람됨이 교만하여 남을 업신여기는 경우.

언중유골
言 말씀 언 / 中 가운데 중 / 有 있을 유 / 骨 뼈 골

'말 가운데 뼈가 있다.'는 뜻으로, 말은 순한 듯하나 그 속에 비꼬거나 헐뜯는 속뜻이 들어 있는 경우.

오비삼척
吾 나 오 / 鼻 코 비 / 三 석 삼 / 尺 자 척

'내 코가 석 자'라는 뜻으로, 내 사정이 급하여 남을 돌볼 여유가 없는 경우.

태산북두
泰 클 태 / 山 메 산 / 北 북녘 북 / 斗 별이름 두

'태산과 북두칠성'이라는 뜻으로, ① 세상 사람들로부터 존경을 받는 사람 ② 어떤 전문 분야에서의 권위자를 비유하여 이르는 말.

1. 자연 수학 환경

단원 마무리 연습문제

♣ 다음 ( )안에 공통으로 들어갈 한자를 〈보기〉에서 골라 쓰세요.(1~8)

보기

波 解 陸 散 選 眼 巨 陰

1. ( )人, ( )富, ( )商
2. ( )地, 上( ), ( )上
3. 集( ), 解( ), ( )發
4. ( )別, ( )定, 人( )
5. ( )目, 開( ), ( )科
6. ( )地, ( )陽, ( )極
7. 音( ), 電( ), 周( )
8. ( )法, ( )産, 理( )

♣ 다음 뜻에 해당하는 단어를 〈보기〉에서 골라 한자로 조합하여 쓰세요.(9~13)

보기

溪 起 防 止 熱
立 谷 加 烈 減

9. 더하고 뺌
   ( )

10. 물이 흐르는 골짜기
    ( )

11. 일어섬
    ( )

12. 태도나 행동이 거침없이 세참
    ( )

13. 막음
    ( )

♣ 다음은 교과서에서 많이 쓰이고 있는 한자어에 대한 설명입니다. 주어진 설명이 뜻하고 있는 한자어를 고르세요.(14~21).

14. 물체가 순간의 상태를 계속 유지하려는 속성
    ① 慣性 ② 氣孔 ③ 氣團 ④ 氣壓

15. 넓은 범위에 걸쳐 기온과 습도가 거의 같은 공기 덩어리
    ① 慣性 ② 氣孔 ③ 氣團 ④ 導體

16. 잎의 표피에 있는 구멍으로 공기가 드나드는 통로
    ① 慣性 ② 氣孔 ③ 濃度 ④ 導體

17. 전기 저항이 작아서 전류가 잘 흐르는 물체를 말합니다.
    ① 慣性 ② 氣孔 ③ 濃度 ④ 導體

18. 자극에 대하여 무의식적으로 일어나는 신체의 반응을 말합니다.
    ① 免疫 ② 反射 ③ 密度 ④ 細胞

19. 생물이 항원의 공격에 저항하는 능력을 말합니다.
    ① 免疫 ② 反射 ③ 密度 ④ 細胞

20. 물질의 질량을 부피로 나눈 값
    ① 免疫 ② 反射 ③ 密度 ④ 宇宙

21. 생물체를 구성하는 최소 단위

　① 免疫　② 細胞　③ 密度　④ 宇宙

♣ □안에 주어진 한자와 <u>관련이 있는</u> 한자끼리 짝지어 보세요. (22~26)

22. 戰 •　　　　• 鼻

23. 體 •　　　　• 甲

24. 香 •　　　　• 骨

25. 言 •　　　　• 酉

26. 卵 •　　　　• 舌

♣ □안에 주어진 한자와 <u>반대되는</u> 의미를 가진 한자끼리 짝지어 보세요. (27~30)

27. 加 •　　　　• 巨

28. 小 •　　　　• 乾

29. 地 •　　　　• 烈

30. 冷 •　　　　• 減

정답

1. 巨　2. 陸　3. 散　4. 選　5. 眼　6. 陰　7. 波　8. 解　9. 加減　10. 溪谷
11. 起立　12. 熱烈　13. 防止　14. ①　15. ③　16. ②　17. ④　18. ②　19. ①　20. ③
21. ②　22. 甲　23. 骨　24. 鼻　25. 舌　26. 酉　27. 減　28. 巨　29. 乾　30. 烈

2 언어의 세계

2-1. 선정 한자 익히기
2-2. 교과서 한자어 자세히 알기
2-3. 알아두면 유익한 한자성어
2-4. 단원 마무리 연습문제

| 학습의 주안점 |
이 단원에서는 언어의 세계와 관련 있는
한자들을 읽고 쓰며, 그 뜻을 정확히 알도록 노력합시다.

www.hanja114.org

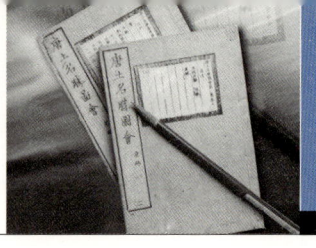

 새로 익힐 선정 한자

假	거짓	가	俗	풍속	속	接	이을	접	
經	지날, 글	경	純	순수할	순	造	지을	조	
句	글귀	구	是	옳을	시	持	가질	지	
單	홑	단	若	같을, 만약	약	指	손가락	지	
連	이을	련	與	더불, 줄	여	唱	부를	창	
論	논할	론	逆	거스를	역	册	책	책	
妙	묘할	묘	榮	영화	영	聽	들을	청	
尾	꼬리	미	藝	재주	예	請	청할	청	
密	빽빽할	밀	誤	그릇될	오	快	쾌할	쾌	
否	아닐	부	爲	할	위	脫	벗을	탈	
悲	슬플	비	應	응할	응	筆	붓	필	
非	아닐	비	異	다를	이	呼	부를	호	
想	생각	상	認	알	인				
聲	소리	성	節	마디	절				

 교과서에 나오는 한자어

과장	誇張	분석	分析	은어	隱語
관용표현	慣用表現	비교	比較	음운	音韻
근거	根據	비속어	卑俗語	정서	情緒
긍정	肯定	비유	比喩	추천	推薦
기지	機智	사전	辭典	토의	討議
대본	臺本	상징	象徵	표준어	標準語
맥락	脈絡	서술	敍述	함축	含蓄
모방	模倣	소통	疏通	형태소	形態素
묘사	描寫	수필	隨筆	희곡	戲曲
반영	反映	심상	心象		
배경	背景	연상	聯想		

선정 한자 익히기

훈	거짓	음	가	부수	人(亻)
필순	亻 亻' 亻『 亻"『 亻"" 假			총획	11

도움말
'人'(사람 인)과 '叚'(겨를 가)를 더한 글자로, 바르지 못한 사람이 모든 일을 거짓되게 꾸민다는 데서 '거짓'의 뜻을 지닌다.

용례
假名(가명)　假想(가상)
假飾(가식)　假定(가정)

훈	지날 글	음	경	부수	糸
필순	纟 纟 纟 糸 糸 經 經			총획	13

도움말
'糸'(실 사)와 '巠'(물줄기 경)을 더한 글자로, 실이 물 흐르는 것처럼 짜여져 나간다는 데서 '지나다'의 뜻을 지닌다.

용례
經過(경과)　經歷(경력)
經書(경서)　佛經(불경)

훈	글귀	음	구	부수	口
필순	' 勹 勹 句 句			총획	5

도움말
'勹'(쌀 포)와 '口'(입 구)를 더한 글자로, '勹'는 숨쉬는 가슴의 모양으로 단숨에 읽을 수 있는 글귀를 뜻한다.

용례
詩句(시구)　文句(문구)
句節(구절)

훈	홑 외로울	음	단	부수	口
필순	' 冖 吅 吅 單 單			총획	12

도움말
끝이 두 갈래로 갈라진 무기의 모양을 본뜬 글자

용례
單獨(단독)　單色(단색)
單純(단순)　單一(단일)

훈	이을	음	련	부수	辶
필순	' 一 丆 币 亘 車 連			총획	11

도움말
'車'(수레 거)와 '辶'(쉬엄쉬엄갈 착)을 더한 글자로, 수레가 연이어 간다는 데서 '잇다'의 뜻을 지닌다.

용례
連結(연결)　連續(연속)
連勝(연승)　連日(연일)

한자자격시험 4급

도움말
'言'(말씀 언)과 '侖'(뭉치 륜)을 더한 글자로, 많은 책을 읽고 여러 사람의 의견을 참착하여 자기의 주장을 조리있게 말한다는 데서 '논하다'의 뜻을 지닌다.

용례
論理(논리) 論據(논거)
理論(이론) 言論(언론)

훈	논할	음	론	부수	言
필순	`言言論論論`			총획	15

도움말
'女'(여자 녀)와 '少'(젊을 소)를 더한 글자로, 젊은 여자는 예쁘고 묘하다는 데서 '묘하다'의 뜻을 지닌다.

용례
妙味(묘미) 妙案(묘안)
巧妙(교묘) 絶妙(절묘)

훈	묘할 젊은	음	묘	부수	女
필순	`乀 女 女 如 妙 妙`			총획	7

도움말
'尸'(몸 시)와 '毛'(터럭 모)를 더한 글자로, 짐승의 엉덩이에 난 털이라는 데서 '꼬리'의 뜻을 지닌다.

용례
尾行(미행) 末尾(말미)
後尾(후미)

훈	꼬리 끝	음	미	부수	尸
필순	`⺁ 尸 尸 尼 尾`			총획	7

도움말
'宓'(빽빽할 밀)과 '山'(뫼 산)을 더한 글자로, 나무가 빽빽한 산 속에서 한 일은 잘 나타나지 않는다는 데서 '빽빽하다, 비밀'의 뜻을 지닌다.

용례
密談(밀담) 密度(밀도)
緊密(긴밀) 緻密(치밀)

훈	빽빽할 친할	음	밀	부수	宀
필순	`丶 宀 宓 宓 宓 密`			총획	11

도움말
'不'(아니 불)과 '口'(입 구)를 더한 글자로, 아니라고 말한다는 데서 '아니다'의 뜻을 지닌다.

용례
否認(부인) 否定(부정)
安否(안부) 與否(여부)

훈	아닐(아니다)	음	부	부수	口
필순	`一 ⺁ 不 不 否 否`			총획	7

선정 한자 익히기

훈	슬플	음	비	부수	心
필순	ㅣ ㅓ ㅓ 非 悲 悲			총획	12

도움말
'非'(아닐 비)와 '心'(마음 심)을 더한 글자로, 마음이 좋지 않으면 슬퍼진다는 데서 '슬프다'의 뜻을 지닌다.

용례
悲觀(비관) 悲哀(비애)
慈悲(자비) 喜悲(희비)

훈	아닐(아니다)	음	비	부수	非
필순	ㅣ ㅓ ㅓ ㅓ 非 非			총획	8

도움말
새의 양쪽 날개가 다른 방향으로 펼쳐져 있는 모습을 본뜬 글자.

용례
非凡(비범) 非理(비리)
非正常(비정상)

훈	생각	음	상	부수	心
필순	一 木 木 相 想 想			총획	13

도움말
'相'(서로 상)과 '心'(마음 심)을 더한 글자로, 상대를 마음 속으로 그린다는 데서 '생각하다'의 뜻을 지닌다.

용례
想念(상념) 想像(상상)
感想(감상) 豫想(예상)

훈	소리	음	성	부수	耳
필순	一 士 声 声 殸 聲			총획	17

도움말
'殸'(소리 경-획줄임)과 '耳'(귀 이)를 더한 글자로, 소리를 귀로 듣는다 하여 '소리'의 뜻을 지닌다.

용례
聲樂(성악) 名聲(명성)
變聲(변성) 喊聲(함성)

훈	풍속 속될	음	속	부수	人(亻)
필순	亻 亻 亻 伫 伫 俗 俗			총획	9

도움말
'人'(사람 인)과 '谷'(골 곡)을 더한 글자로, 사람들이 한 골짜기에서 모여 살면 같은 풍속을 갖기 마련이라는 데서 '풍속'의 뜻을 지닌다.

용례
俗談(속담) 俗語(속어)
俗稱(속칭) 風俗(풍속)

2-1. 선정 한자 익히기

한자자격시험 4급

도움말
'糸'(실 사)와 '屯'(모일 둔)을 더한 글자로, 실에 다른 것이 섞이지 않아서 순수하다는 데서 '순수하다'의 뜻을 지닌다.

용례
純金(순금) 純粹(순수)
純眞(순진)

훈	순수할	음	순	부수	糸
필순	ノ幺幺糸紅紝純			총획	10

도움말
'日'(날 일)과 '正'(바를 정)을 더한 글자로, 우주에서 가장 옳고 바른 것은 해라는 데서 '옳다'의 뜻을 지닌다.

용례
是認(시인) 是非(시비)
亦是(역시) 或是(혹시)

훈	옳을 이	음	시	부수	日
필순	一口日早早是是			총획	9

도움말
'艹'(풀 초)와 '右'(오른 우)를 더한 글자로, 오른 손으로 풀을 가려내서 같은 것을 고른다는 데서 '같다'의 뜻을 지닌다.

용례
若干(약간) 萬若(만약)

훈	같을(같다) 만약	음	약	부수	艹
필순	艹艹芊芊若			총획	9

도움말
'舁'(마주들 여)와 '与'(줄 여)를 더한 글자로, 두 사람이 손을 맞잡고 뜻을 주고 받는다 하여 '주다'의 뜻을 지닌다.

용례
與件(여건) 與否(여부)
寄與(기여) 授與(수여)

훈	더불 주다	음	여	부수	臼
필순	′ F 帛 卑 與 與			총획	14

도움말
'辶'(쉬엄쉬엄갈 착)과 '屰'(거스를 역)을 더한 글자로, 서로 반대되는 곳으로 간다는 데서 '거스르다'의 뜻을 지닌다.

용례
逆轉(역전) 逆行(역행)
拒逆(거역) 反逆(반역)

훈	거스를 맞이할	음	역	부수	辶
필순	′ ′ 屰 屰 逆			총획	10

2. 언어의 세계

선정 한자 익히기

훈	영화 성할	음	영	부수	木
필순	⺍ 炏 炏 炏 栄 榮			총획	14

도움말
'熒'(획줄임-빛날 형)과 '木'(나무 목)을 더한 글자로, 나무에 핀 꽃이 불꽃처럼 반짝거려 영화롭다는 데서 '영화'의 뜻을 지닌다.

용례
榮光(영광) 榮譽(영예)
繁榮(번영)

훈	재주	음	예	부수	艸
필순	一 卝 艹 萟 藝 藝			총획	19

도움말
'艸'(풀 초)와 '埶'(심을 예), '云'(이를 운)을 더한 글자로, 풀을 심는데 기술이 필요하다는 데서 '재주'의 뜻을 지닌다.

용례
藝能(예능) 藝術(예술)
書藝(서예)

훈	그릇될	음	오	부수	言
필순	丶 言 訁 詚 誤 誤			총획	14

도움말
'言'(말씀 언)과 '吳'(큰 소리할 오)를 더한 글자로, 큰소리로 장담하는 말은 사실과 달라지는 경우가 많다는 데서 '그릇되다'는 뜻을 지닌다.

용례
誤答(오답) 誤謬(오류)
誤解(오해) 過誤(과오)

훈	할(하다) 될	음	위	부수	爫
필순	一 爫 厂 戶 爲 爲			총획	12

도움말
원숭이가 앞 발톱으로 머리를 긁고 있는 모양을 본뜬 글자로, 원숭이의 재주로 무엇이나 할수 있다는 데서 '하다'의 뜻을 지닌다.

용례
爲主(위주) 所爲(소위)
人爲(인위)

훈	응할(응하다)	음	응	부수	心
필순	一 广 广 府 雁 應			총획	17

도움말
'鷹'(획줄임-매 응)과 '心'(마음 심)을 더한 글자로, 매가 주인의 보살핌에 꿩을 잡아 보답한다는 데서 '응하다'의 뜻을 지닌다.

용례
應答(응답) 應試(응시)
反應(반응) 對應(대응)

한 자 자 격 시 험 4 급

도움말
'畀'(줄 비)와 '廾'(두손 공)을 더한 글자로, 두 손을 들어 다른 사람들에게 물건을 나누어 주는 마음은 다른 사람과 다르다는 데서 '다르다'의 뜻을 지닌다.

용례
異見(이견) 異變(이변)
奇異(기이) 差異(차이)

다를 이

훈	다를(다르다)이상할	음	이	부수	田
필순	丨冂田田甼畀異			총획	11

도움말
'言'(말씀 언)과 '忍'(참을 인)을 더한 글자로, 남의 말을 참고 들어 알아준다는 데서 '알다'의 뜻을 지닌다.

용례
認定(인정) 認識(인식)
否認(부인) 是認(시인)

알 인

훈	알(알다)허락할	음	인	부수	言
필순	丶言言訒訒認			총획	14

도움말
'竹'(대나무 죽)과 '卽'(나아갈 즉)을 더한 글자로, 대나무가 자람에 따라 생겨나는 마디를 뜻하여 '마디'라는 뜻을 지닌다.

용례
節度(절도) 節約(절약)
禮節(예절) 調節(조절)

마디 절

훈	마디절개절약할	음	절	부수	竹
필순	丿𠂉竹竹笁笁笁節			총획	15

도움말
'手'(손 수)와 '妾'(첩 첩)을 더한 글자로, 첩의 부드러운 손이 남자에게 다가간다는 데서 '접근하다, 잇다'의 뜻을 지닌다.

용례
接見(접견) 接線(접선)
接觸(접촉) 面接(면접)

이을 접

훈	이을(잇다)맞을	음	접	부수	手(扌)
필순	一扌扩护接接			총획	11

도움말
'辶'(쉬엄쉬엄갈 착)과 '告'(알릴 고)를 더한 글자로, 앞에 나아가 일할 것을 알린다는 데서 '만들다, 짓다'의 뜻을 지닌다.

용례
造成(조성) 造作(조작)
改造(개조) 製造(제조)

지을 조

훈	지을(짓다)만들	음	조	부수	辶
필순	丿丨止生告造			총획	11

선정 한자 익히기

훈	가질	음	지	부수	手(扌)
필순	一 † ‡ 扌 扩 挂 持 持			총획	9

도움말
'手'(손 수)와 '寺'(관청 시)를 더한 글자로, 관청에서 보낸 공문서를 손에 소중히 가지고 있다는 데서 '가지다'의 뜻을 지닌다.

용례
持參(지참)　所持(소지)
矜持(긍지)

훈	손가락 가리킬	음	지	부수	手(扌)
필순	一 † ‡ 扌 ㇿ 指 指			총획	9

도움말
'手'(손 수)와 '旨'(맛 지)를 더한 글자로, 맛있는 것을 보면 손이 먼저 간다는 데서 '손가락'의 뜻을 지닌다.

용례
指紋(지문)　指示(지시)
指向(지향)　斷指(단지)

훈	부를	음	창	부수	口
필순	丨 ㇿ ㇿ ㇿ ㇿ 唱 唱			총획	11

도움말
'口'(입 구)와 '昌'(창성할 창)을 더한 글자로, 입으로 소리를 내서 부른다는 데서 '부르다'의 뜻을 지닌다.

용례
唱歌(창가)　歌唱(가창)
獨唱(독창)　名唱(명창)

훈	책	음	책	부수	冂
필순	丿 冂 冂 冊 冊			총획	5

도움말
대쪽에 글을 써서 가죽 끈으로 엮어 맨 책의 모양을 본뜬 글자.

용례
册床(책상)　册子(책자)
册房(책방)　別册(별책)

훈	들을	음	청	부수	耳
필순	「 耳 耳 耴 耹 聽 聽			총획	22

도움말
'耳'(귀 이)와 '壬'(간사할 임), '德'(큰 덕)을 더한 글자로, 귀는 간사한 소리보다는 덕이 있는 소리를 들어야 한다는 데서 '듣다'의 뜻을 지닌다.

용례
聽力(청력)　聽衆(청중)
盜聽(도청)

한 자 자 격 시 험 4 급

도움말
'言'(말씀 언)과 '靑'(푸를 청)을 더한 글자로, 젊은이가 윗사람에게 부탁의 말을 드린다는 데서 '청하다'의 뜻을 지닌다.

용례
請約(청약) 請婚(청혼)
自請(자청) 招請(초청)

훈	청할	음	청	부수	言
필순	〉 亠 言 詰 請 請			총획	15

도움말
'心'(마음 심)과 '夬'(결단할 쾌)를 더한 글자로, 마음속에 걸리는 일을 결단하여 처리하니 즐겁다는 데서 '쾌하다'의 뜻을 지닌다.

용례
快感(쾌감) 快樂(쾌락)
輕快(경쾌) 明快(명쾌)

훈	쾌할 빠를	음	쾌	부수	心(忄)
필순	〉 忄 忄 忄 快 快			총획	7

도움말
'肉'(고기 육)과 '兌'(바꿀 태)를 더한 글자로, 곤충이 몸의 허물을 벗고 그 형체를 바꾼다는 데서 '벗다'의 뜻을 지닌다.

용례
脫稿(탈고) 脫線(탈선)
脫出(탈출) 離脫(이탈)

훈	벗을	음	탈	부수	肉(月)
필순	丿 月 月 肝 脫 脫			총획	11

도움말
'竹'(대 죽)과 '聿'(붓 율)을 더한 글자로, 聿은 원래 붓을 뜻하며 후세에 대나무로 붓대를 만든다는 데서 竹을 더하게 되었다.

용례
筆力(필력) 筆順(필순)
名筆(명필) 自筆(자필)

훈	붓 글씨	음	필	부수	竹
필순	丿 竹 竹 笁 筆 筆			총획	12

도움말
'口'(입 구)와 '乎'(온 호)를 더한 글자로, 소리를 길게 내 부른다는 데서 '부르다'의 뜻을 지닌다.

용례
呼稱(호칭) 呼應(호응)
呼出(호출)

훈	부를 숨 내쉴	음	호	부수	口
필순	丨 口 口' 叨 叨 呼			총획	8

교과서 한자어 자세히 알기

과장 誇張
- **훈음**: 자랑할 **과**, 베풀 **장**
- **풀이**: 사실보다 지나치게 떠벌려 나타냄
- **쓰임**: 誇張법은 강조하기 위한 표현 방법이다.

관용 표현 慣用表現
- **훈음**: 버릇 **관**, 쓸 **용**, 겉 **표**, 나타날 **현**
- **풀이**: 둘 이상의 낱말이 어울려 원래의 뜻과는 다른, 새로운 뜻으로 굳어져 쓰이는 표현
- **쓰임**: 시험에 떨어졌을 때 '미역국 먹었어요.' 라는 慣用 表現을 쓴다.

근거 根據
- **훈음**: 뿌리 **근**, 의거할 **거**
- **풀이**: 어떤 의견이나 논의 따위의 이유 또는 바탕이 되는 것
- **쓰임**: 논설문에서 주장은 어떤 문제에 대하여 내세우는 글쓴이의 의견이고, 根據는 그 주장을 뒷받침하는 내용이다.

긍정 肯定
- **훈음**: 즐길 **긍**, 정할 **정**
- **풀이**: 어떤 사실이나 생각 따위를 그러하다고 인정함
- **쓰임**: '오체 불만족'을 쓴 오토다케의 肯定적인 태도는, 그를 보통 아이와 다를 바가 없다는 생각으로 키워 주신 부모님 덕택에 길러진 것이다.

기지 機智
- **훈음**: 베틀, 기계 **기**, 지혜, 슬기 **지**
- **풀이**: 그때 그때의 상황에 따라서 재빨리 발휘되는 재치
- **쓰임**: 수필 속에는 機智와 유머가 들어 있다.

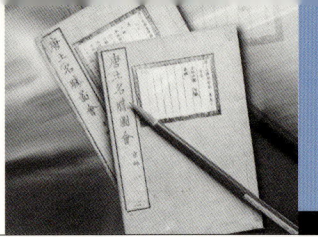

한 자 자 격 시 험 4 급

대본 臺本

- **훈음**: 대 **대**, 근본 **본**
- **풀이**: 연극이나 영화 등의 대사, 동작, 무대장치 등을 자세히 적어 제작의 기본이 되는 글
- **쓰임**: '시집 가는 날'은 뮤지컬 臺本이다.

맥락 脈絡

- **훈음**: 맥 **맥**, 맥락, 얽힐 **락**
- **풀이**: 사물의 연결, 줄거리
- **쓰임**: 이 작품은 역사와 사회의 脈絡 속에서 읽어야 한다.

모방 模倣

- **훈음**: 법, 본뜰 **모**, 본받을, 본뜰 **방**
- **풀이**: 흉내냄
- **쓰임**: 창작은 模倣에서 시작된다고 한다.

묘사 描寫

- **훈음**: 그릴 **묘**, 베낄, 쓸 **사**
- **풀이**: 눈으로 보거나 마음으로 느낀 것 등을 객관적으로 표현함
- **쓰임**: 사물, 사람, 동물, 풍경 등을 눈에 보이듯이 사실적으로 생생하게 그려내는 일을 描寫라고 한다.

반영 反映

- **훈음**: 돌이킬 **반**, 비출 **영**
- **풀이**: 어떤 영향이 다른 것에 미쳐 나타남
- **쓰임**: 문학 작품은 시대를 反映한다.

52 2. 언어의 세계

교과서 한자어 자세히 알기

www.hanja114.org

배경 / 背景

훈음 등 **배**, 볕 **경**
풀이 뒤쪽의 경치. 무대 장치. 사진이나 그림 등에서 그 주요 제재 뒤편에 펼쳐진 부분.
작품의 시대적·역사적인 환경. 뒤에서 돌보아 주는 힘
쓰임 인물의 마음을 헤아려보기, 사건을 자신의 경험과 관련짓기, 背景이 사건의 전개과정에 미치는 영향 파악하기 등의 활동을 통해서 이야기를 창의적으로 읽을 수 있다.

분석 / 分析

훈음 나눌 **분**, 가를 **석**
풀이 복합된 사물을 그 요소나 성질에 따라서 가르는 일
쓰임 그 문제를 해결하기 위해서는 그 원인을 먼저 分析해 보아야 한다.

비교 / 比較

훈음 견줄 **비**, 견줄 **교**
풀이 둘 이상의 사물을 서로 견주어 봄
쓰임 정보를 전달하는 글에는 대상의 공통점이나 차이점에 대한 정보를 比較·대조의 방법으로 내용을 조직하는 경우가 있다.

비속어 / 卑俗語

훈음 낮을 **비**, 풍속 **속**, 말씀 **어**
풀이 격이 낮고 속된 말
쓰임 컴퓨터 통신을 할 때에는 익명성 때문에 무책임하게 卑俗語를 많이 사용하기도 한다.

비유 / 比喩

훈음 견줄 **비**, 깨우칠 **유**
풀이 어떤 사물을 효과적으로 표현하기 위하여 그것과 비슷한 다른 사물에 빗대어 표현함
쓰임 比喩하기는 시를 표현하는 대표적인 표현 방법이다.

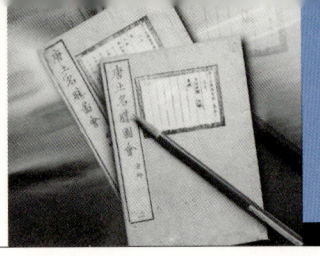

한자자격시험 4급

사전 辭典

- **훈음** 말씀 **사**, 법 **전**
- **풀이** 낱말을 모아 일정한 순서로 배열하여 해설한 책
- **쓰임** 辭典에는 백과사전 같은 사전(事典)과 국어사전 같은 사전(辭典)이 있다.

상징 象徵

- **훈음** 코끼리 **상**, 부를 **징**
- **풀이** 표현하려는 대상은 숨기고 다른 사물이 그 사물을 대신하도록 하는, 두 사물의 유사성에 근거하지 않는 표현 방법
- **쓰임** 비둘기는 평화의 象徵이다.

서술 敍述

- **훈음** 차례, 서술할 **서**, 지을 **술**
- **풀이** 어떤 사실을 차례를 좇아 말하거나 적음
- **쓰임** 그 글에는 주인공이 한 일이 자세히 敍述되어 있다.

소통 疏通

- **훈음** 트일 **소**, 통할 **통**
- **풀이** 막히지 않고 잘 통함
- **쓰임** 글을 읽는다는 것은 의사를 疏通하는 과정이다.

수필 隨筆

- **훈음** 따를 **수**, 붓 **필**
- **풀이** 자신의 생각이나 느낌을 형식의 제한 없이 자유롭게 쓴 산문 문학의 한 가지
- **쓰임** 隨筆은 청자 연적이요, 난이요, 학이다.

54　2. 언어의 세계

교과서 한자어 자세히 알기

심상 — 心象
- **훈음**: 마음 **심**, 코끼리 **상**
- **풀이**: 시어를 통해 마음 속에 상상되는 모습이나 느낌
- **쓰임**: '푸른 종소리'에는 공감각적 心象이 표현되어 있다.

연상 — 聯想
- **훈음**: 잇닿을 **련**, 생각 **상**
- **풀이**: 어떤 사물을 보거나 듣거나 생각하거나 할 때, 그와 관련 있는 다른 사물이 머리에 떠오르는 일
- **쓰임**: 달을 보고 聯想하는 것을 말해 보라면 사람마다 다르다.

은어 — 隱語
- **훈음**: 숨을 **은**, 말씀 **어**
- **풀이**: 특수한 집단이나 계층 또는 사회에서 남이 모르게 자기네끼리만 쓰는 말
- **쓰임**: 지나친 隱語 사용은 나머지 사람들에게 소외감과 고립감을 느끼게 할 수 있다.

음운 — 音韻
- **훈음**: 소리 **음**, 운, 운치 **운**
- **풀이**: 말의 뜻을 구별해 주는 소리의 가장 작은 단위
- **쓰임**: 국어의 音韻은 자음 19개와 모음 21개로 이루어진다.

정서 — 情緒
- **훈음**: 뜻 **정**, 실마리 **서**
- **풀이**: 어떤 일을 경험하거나 생각할 때에 일어나는 갖가지 감정
- **쓰임**: 독자들에게 문학적 감동을 주고 문학적인 情緒를 느끼게 해 주는 데에서도 문학의 아름다움을 찾을 수 있다.

한 자 자 격 시 험 4 급

추천 推薦
- **훈음**: 가릴, 옮을 **추**, 천거할 **천**
- **풀이**: 좋거나 알맞다고 생각하는 것을 남에게 권함
- **쓰임**: 생활이 어려운 이중섭을 그의 친구가 신문사에 推薦했지만, 그는 삽화는 그리지 않았다.

토의 討議
- **훈음**: 칠 **토**, 의논할 **의**
- **풀이**: 어떤 문제에 대하여, 가장 바람직한 해결 방안을 찾으려고 집단 구성원이 협동적으로 의견을 나누는 과정
- **쓰임**: 독서 후에 討議 활동을 하면 글의 내용을 더 넓고 깊게 이해할 수 있다.

표준어 標準語
- **훈음**: 표할 **표**, 법도 **준**, 말씀 **어**
- **풀이**: 교육적·문화적인 편의를 위하여 한 나라의 표준이 되게 정한 말
- **쓰임**: 우리 나라에서는 교양 있는 사람들이 두루 쓰는 현대 서울말을 標準語로 정함을 원칙으로 하고 있다.

함축 含蓄
- **훈음**: 머금을 **함**, 모을, 쌓을 **축**
- **풀이**: 풍부한 내용이나 깊은 뜻이 들어 있음
- **쓰임**: 시는 생각이나 느낌을 含蓄적인 언어로 표현하는 언어 예술이다.

형태소 形態素
- **훈음**: 모양 **형**, 모양 **태**, 흴 **소**
- **풀이**: 일정한 뜻이나 기능을 지닌 가장 작은 말의 단위
- **쓰임**: 하나의 形態素가 하나의 낱말을 이룰 수도 있다.

2. 언어의 세계

교과서 한자어 자세히 알기

희곡

戲曲

- **훈음** 희롱할 **희**, 굽을 **곡**
- **풀이** 상연을 목적으로 쓰여진 연극의 대본
- **쓰임** 1930년대 유치진은 리얼리즘 戲曲을 썼고, 광복 이후에는 역사극으로 방향을 돌렸다.

쉬어가는 페이지

● 文字(문자)란 무엇인가?

'文'이란 무늬를 뜻하는 글자였으나 지금에 와서 글이라는 뜻으로 쓰여지고, '字'는 집에서 아이를 낳듯이 새로운 의미를 뜻하는 글자로 쓰여진다. '洋(양)'에서 살펴보면 '水'와 '羊'이 합해져서 이루어진 글자이므로 '水'와 '羊'은 '文'인 셈이고 '洋'은 '字'인 셈이다. 따라서 '文字'란 기초로 쓰여진 글자(상형, 지사)와 뜻과 뜻, 뜻과 소리가 더해져 새로운 의미의 글자(회의, 형성)를 모두 뜻하는 것이다.

● 寒(찰 한)의 반대되는 글자는 무엇일까?

흔히들 따뜻할 溫을 생각해 낸다. 또는 따뜻할 난(暖)도 생각할 것이다. 그렇지만 寒의 반대는 暑(더울 서)라는 글자이다. 暑는 해가 내리쬐어 땀이 날 정도로 더운 모습이고, 寒은 문틈으로 찬바람이 들어와 몸까지 얼어붙는 듯한 추운 형태이다. 이렇게 한자 공부를 잘 함으로써 사고의 영역을 넓힐 수 있고, 더 나아가 국어를 잘 알아서 국어를 사랑할 수 있게 된다.

한 자 자 격 시 험 4 급

 고사성어

가리킬 **지**　사슴 **록**　할 **위**　말 **마**

 지록위마

'사슴을 가리켜 말이라 하다'는 뜻으로, 윗사람을 농락하여 권세를 함부로 부리는 경우.

《사기(史記)》에 보면 멋대로 권세를 부리던 환관 조고의 이야기가 나옵니다. 중국 천하를 통일하였던 진나라 시황제는 죽으면서 장자인 부소(扶蘇)에게 왕위를 물려주고자 했으나, 환관 조고는 자신의 권력을 잃을까 두려워 거짓 조서를 꾸밉니다. 조고의 계략으로 부소는 자결하고 어린 호해(胡亥)가 2대 황제가 되었습니다. 장자인 부소와는 달리 호해는 천하의 모든 쾌락을 탐하고자 하는 어리석은 인물이었습니다. 따라서 정치에는 아무 관심이 없었으므로 조고는 이런 호해를 이용하여 권력을 장악하게 됩니다. 그러나 조고는 이에 만족하지 못하고 스스로 황제가 되고 싶어 신하들 가운데 자신을 반대하는 무리들을 가려내기로 하였습니다. 그래서 어느 날 황제에게 사슴 한 마리를 바치며 이렇게 말했습니다.

"폐하, 여기 말을 바치오니 받아주옵소서."

"승상은 농담도 잘 하는구려. 사슴을 가리켜 말이라 하다니(指鹿爲馬), 신들은 어찌 생각하오?"

황제가 말을 마치고 좌중에게 물으니 뜻밖에도 사슴을 말이라 하는 이가 대부분이었고, 사슴이라고 말하는 사람은 드물었습니다. 조고는 사슴이라고 정직하게 말한 사람들을 기억해 두었다가 나중에 죄를 뒤집어 씌워 죽여버렸습니다. 그 후 궁중에는 조고의 권력을 두려워한 나머지 그를 반대하는 사람이 아무도 없었다고 합니다.

훗날 진나라는 항우와 유방에 의해 수도 함양을 함락 당합니다. 이에 조고는 자신의 죄를 조금이라도 숨기고자 호해를 위협하여 죽게 하고, 자신 때문에 억울하게 죽었던 부소의 아들인 자영을 새로운 황제로 삼으려 합니다. 그러나 자영은 이에 현혹되지 않고 조고를 죽이니, 천하의 권력을 쥐고 흔들었던 간신은 그 영욕의 생을 마감하게 됩니다.

이후로 윗사람을 농락하여 권세를 자기 마음대로 휘두르는 것을 비유할 때 '지록위마(指鹿爲馬)'라는 고사가 흔히 인용됩니다. 권력 앞에서도 당당하게 정의를 행하고자 하는 사람들이 많아진다면 사슴을 보고도 말이라 해야 하는 상황도 없어질 것입니다. '지록위마(指鹿爲馬)'는 요즘에 와서는 그 뜻이 확대되어 사실이 아닌 것을 사실로 만들어 강압으로 인정하게 한다는 뜻으로 쓰이기도 합니다.

고사성어와 한자성어

여우 호 / 빌릴 가 / 호랑이 호 / 위세 위

 호가호위

'여우가 호랑이의 위세를 빌리다.' 는 뜻으로, 남의 권세에 붙어 위세를 부리는 경우.

　간혹 신문이나 뉴스를 보면 자기의 친척이나 친구가 고위 공무원이라고 속여 사기를 치는 사건이 보도됩니다. 사기를 당하는 사람들은 그 사람의 신원도 확인해 보지 않은 채, 고위 공무원의 친구라느니 사돈이라느니 하는 말에 속아 거액의 돈을 내는 것입니다. 이런 사기꾼들은 힘있는 사람들의 이름을 등에 업고 그야말로 '호가호위(狐假虎威)' 하여 남을 속인 셈이지요.
　이렇게 강한 자의 위세를 빌려 약한 자 앞에서 으스대거나 군림하는 것을 보고 '호가호위' 라 합니다. 이 고사성어의 유래는 기원전 4세기 초, 초(楚)나라 선왕(宣王) 때로 거슬러 올라갑니다.
　어느 날 선왕은 신하들에게 "위나라를 비롯하여 북방의 여러 나라들이 우리 나라 재상 소해휼(昭奚恤)을 두려워하고 있다는데 그게 사실이오?" 하고 물었습니다. 이때, 강을이란 신하가 아뢰었습니다.
　"옛날에 산길을 걸어가던 호랑이가 여우를 붙잡았습니다. 그러자 교활한 여우는 나를 잡아먹으면 자신을 백수의 왕으로 정하신 하늘의 명을 어기는 것이니 천벌을 받게 될 거라며 큰소리를 쳤습니다. 여우는 자신이 앞장 서 걸어갈 테니 나를 보고도 도망가지 않는 동물이 있는지 보라고 한 것입니다. 정말 호랑이가 여우의 뒤를 따라가 보니 과연 만나는 짐승마다 모두 달아나기에 바빴습니다. 호랑이는 깨닫지 못하였으나, 동물들이 달아난 것은 여우 뒤에 따라오고 있던 호랑이가 두려워서였을 것입니다.
　지금의 일도 마찬가지입니다. 북방의 여러 나라들이 어찌 한 나라의 재상에 불과한 소해휼을 두려워하겠습니까? 지금 북방의 여러 나라들이 두려워하고 있는 것은 일개 재상에 불과한 소해휼이 아니라 그 뒤에 있는 초나라의 병력, 곧 임금님의 강한 군사력입니다."
　위나라 출신인 강을(江乙)은 아부를 일삼는 간신으로, 왕족이자 명재상으로 명망 높은 소해휼을 몰아내고자 소해율이 선왕의 권력을 등에 업고 군림하고 있다고 고한 것입니다.
　이 고사에서 유래한 '호가호위(狐假虎威)' 라는 말은 주로 아랫사람이 윗사람의 권세를 빌려 약한 자 앞에서 군림하는 비열한 행동을 뜻하게 되었습니다.

한자자격시험 4급

알아두면 유익한 한자성어

去頭截尾
버릴 거 / 머리 두 / 자를 절 / 꼬리 미

거두절미
'머리와 꼬리를 잘라 버린다.'는 뜻으로, 앞뒤의 사설을 빼어 버리고 요점만을 말한다는 뜻.

單刀直入
홀 단 / 칼 도 / 곧을 직 / 들 입

단도직입
'혼자서 칼을 들고 곧장 적진으로 쳐들어간다.'는 뜻으로, 말을 하거나 글을 쓸 때, 군말을 빼고 곧장 본론으로 들어감.

同床異夢
같을 동 / 침상 상 / 다를 이 / 꿈 몽

동상이몽
'같은 잠자리에서 다른 꿈을 꾼다.'는 뜻으로, 겉으로는 같은 행동을 하면서도 속으로는 각각 다른 생각을 하는 경우.

傍若無人
곁 방 / 같을 약 / 없을 무 / 사람 인

방약무인
'곁에 사람이 없는 것 같다.'는 뜻으로, 남을 의식하지 않고 거리낌 없이 함부로 행동하는 경우.

2. 언어의 세계

단원 마무리 연습문제

♣ 다음 ( )안에 공통으로 들어갈 한자를 〈보기〉에서 골라 쓰세요. (1~9)

보기
唱 應 純 誤 單 是 句 節 否

1. ( )節, 詩( ), 文( )
2. ( )音, ( )數, ( )純
3. ( )定, 可( ), ( )認
4. ( )情, ( )眞, 單( )
5. ( )非, ( )認, 或( )
6. ( )算, ( )解, 過( )
7. ( )答, ( )報, ( )待
8. 季( ), 分( ), 時( )
9. ( )歌, 合( ), 重( )

♣ 다음 뜻에 해당하는 단어를 〈보기〉에서 골라 한자로 조합하여 쓰세요. (10~15)

보기
連 過 非 音 解 接
脫 聲 常 密 續

10. 끊이지 않고 죽 이어지거나 지속함
( )

11. 한 곳에 지나치게 모여 있음
( )

12. 정상이 아닌 상황
( )

13. 말소리, 목소리
( )

14. 굴레에서 벗어남
( )

15. 이음
( )

♣ 다음 ( )안에 들어갈 적합한 한자어를 바르게 쓴 것을 고르세요. (16~23)

16. 시험에 떨어졌을 때 '미역국 먹었어요.' 라는 ( ) 표현을 쓴다.
① 官用 ② 寬容 ③ 慣用 ④ 關用

17. 수필 속에는 ( )와 유머가 있다.
① 基地 ② 機智 ③ 氣志 ④ 記識

18. 이 작품은 역사와 사회의 ( ) 속에서 읽어야 한다.
① 麥樂 ② 脈樂 ③ 脈落 ④ 脈絡

19. 창작은 ( )에서 시작된다고 한다.
① 模倣 ② 母方 ③ 謨防 ④ 母房

20. ( )법은 강조하기 위한 표현 방법이다.
① 科場 ② 誇張 ③ 科長 ④ 課長

21. 오토다케의 ( )적 생각은 부모님 덕택에 키워진 것이다.
① 肯丁 ② 肯正 ③ 肯定 ④ 肯貞

22. ( )하기는 시를 지을때 대표적인 표현 방법이다.
　① 非有　② 比喻　③ 備侑　④ 批唯

23. 글을 읽는다는 것은 의사를 ( )하는 과정이다.
　① 小桶　② 所統　③ 少通　④ 疏通

♣ 다음 지시에 적합한 답을 〈보기〉에서 골라 써 보세요.(24~30)

보기

認　指　聽　否　假　連　唱

24. 持와 음이 같은 한자를 쓰시오.
　　　　　　　　　　　(　　　　　)

25. 眞과 반대되는 의미를 가진 한자를 쓰시오.
　　　　　　　　　　　(　　　　　)

26. 接과 비슷한 뜻을 가진 한자를 쓰시오.
　　　　　　　　　　　(　　　　　)

27. 非와 비슷한 뜻을 가진 한자를 쓰시오.
　　　　　　　　　　　(　　　　　)

28. 請과 음이 같은 한자를 쓰시오.
　　　　　　　　　　　(　　　　　)

29. 歌와 관계 깊은 한자를 고르시오.
　　　　　　　　　　　(　　　　　)

30. 識과 뜻이 비슷한 한자를 고르시오.
　　　　　　　　　　　(　　　　　)

정답

1. 句　2. 單　3. 否　4. 純　5. 是　6. 誤　7. 應　8. 節　9. 唱　10. 連續
11. 過密　12. 非常　13. 音聲　14. 解脫　15. 接續　16. ③　17. ②　18. ④　19. ①　20. ②
21. ③　22. ②　23. ④　24. 指　25. 假　26. 連　27. 否　28. 聽　29. 唱　30. 認

3 사회 정치 경제

3-1. 선정 한자 익히기

3-2. 교과서 한자어 자세히 알기

3-3. 알아두면 유익한 한자성어

3-4. 단원 마무리 연습문제

| 학습의 주안점 |

이 단원에서는 사회, 정치, 경제와 관련 있는
한자들을 읽고 쓰며, 그 뜻을 정확히 알도록 노력합시다.

www.hanja114.org

새로 익힐 선정 한자

佳	아름다울	가	倫	인륜	륜	往	갈	왕
更	다시	갱	律	법	률	依	의지할	의
慶	경사	경	訪	찾을	방	益	더할	익
競	다툴	경	佛	부처	불	引	끌	인
耕	밭갈	경	謝	사례할	사	祭	제사	제
景	볕	경	私	사사로울	사	製	지을	제
官	벼슬	관	寺	절	사	尊	높을	존
救	구원할	구	勢	권세	세	坐	앉을	좌
究	궁구할	구	稅	세금	세	衆	무리	중
權	권세	권	收	거둘	수	則	법칙	칙
均	고를	균	修	닦을	수	惠	은혜	혜
禁	금할	금	受	받을	수	婚	혼인할	혼
怒	성낼	노	授	줄	수			
獨	홀로	독	拾	주울	습			

교과서에 나오는 한자어

갈등	葛藤	박람회	博覽會	익명성	匿名性
격차	隔差	보통선거	普通選舉	재판	裁判
경제	經濟	복지	福祉	준법정신	遵法精神
공황	恐慌	사법부	司法府	책임	責任
과점	寡占	선택	選擇	첨단	尖端
영장	令狀	소비	消費	투자	投資
금융	金融	수요	需要	투표	投票
기업	企業	수입	輸入	판매	販賣
납세	納稅	여론	輿論	혁명	革命
대중매체	大衆媒體	예금	預金	희소성	稀少性

선정 한자 익히기

佳 아름다울 가

훈	아름다울 훌륭할	음	가	부수	人(亻)
필순	亻亻亻佳佳佳佳			총획	8

도움말
'人'(사람 인)과 '圭'(서옥 규)를 더한 글자로, 사람이 옥과 같이 아름답다는 데서 '아름답다'의 뜻을 지닌다.

용례
佳人(가인) 佳作(가작)

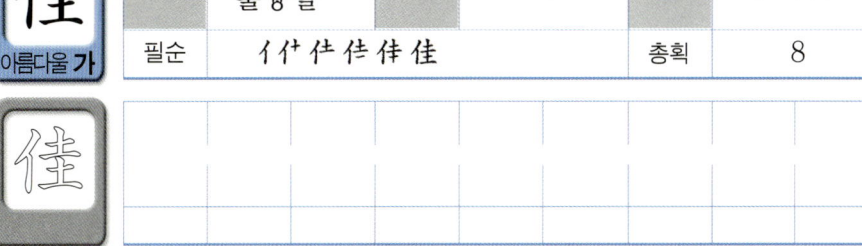

更 다시 갱

훈	① 다시 ② 고칠	음	① 갱 ② 경	부수	曰
필순	一 一 一 一 更 更			총획	7

도움말
'丙'(밝을 병)과 '攵'(두드릴 복)을 더한 글자로, 밝게 살도록 회초리를 들고 가르쳐 고친다는 데서 '고치다, 다시'의 뜻을 지닌다.

용례
更生(갱생) 更新(갱신 또는 경신)

慶 경사 경

훈	경사	음	경	부수	心
필순	一 广 庐 庐 應 慶			총획	15

도움말
'鹿'(사슴 록-변형)과 '心'(마음 심), '夂'(뒤져올 치)를 더한 글자로, 남의 좋은 일에 사슴을 가지고 가서 축하한다는 데서 '경사'의 뜻을 지닌다.

용례
慶事(경사) 慶賀(경하)
慶祝(경축)

競 다툴 경

훈	다툴(다투다)	음	경	부수	立
필순	一 立 音 竟 競 競			총획	20

도움말
'誩'(다투어말할 경)과 '儿'(사람 인)을 두 개 더한 글자로, 두 사람이 심하게 말다툼을 한다는 데서 '다투다'의 뜻을 지닌다.

용례
競爭(경쟁) 競起(경기)
競進(경진) 競合(경합)

耕 밭갈 경

훈	밭갈	음	경	부수	耒
필순	一 二 三 耒 耒 耕			총획	10

도움말
'耒'(쟁기 뢰)와 '井'(우물 정)을 더한 글자로, 쟁기로 밭을 간다는 데서 '밭갈다'의 뜻을 지닌다.

용례
耕作(경작) 耕地(경지)
農耕(농경)

3-1. 선정 한자 익히기 **67**

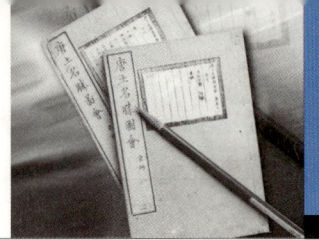

한 자 자 격 시 험 4 급

도움말
'日'(날 일)과 '京'(높을 경)을 더한 글자로, 높은 궁전이 햇빛에 밝게 비쳐 궁전이 볼 만하다 하여 '경치'의 뜻을 지닌다.

용례
景致(경치) 景觀(경관)
光景(광경) 背景(배경)

훈	볕 경치 클	음	경	부수	日
필순	旦早昱景景			총획	12

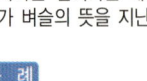

도움말
'宀'(집 면)과 '自'(쌓일 퇴)를 더한 글자로, 많은 사람들의 일을 처리하는 집이라는 데서 관가, 나아가 벼슬의 뜻을 지닌다.

용례
官家(관가) 官運(관운)
官吏(관리) 法官(법관)

훈	벼슬 기관	음	관	부수	宀
필순	宀宀宀官			총획	8

도움말
'求'(구할 구)와 '攵'(칠 복)을 더한 글자로, 무기를 들고 적을 공격하려다 항복하는 적을 구해준다는 데서 '구원하다'의 뜻을 지닌다.

용례
救助(구조) 救援(구원)
救出(구출) 救世軍(구세군)

훈	구원할 도울	음	구	부수	攵
필순	寸寸求求救			총획	11

도움말
'穴'(구멍 혈)과 '九'(아홉 구)를 더한 글자로, 굴 속 깊은 곳까지 살펴 들어간다는 데서 '궁구하다, 연구하다'의 뜻을 지닌다.

용례
硏究(연구) 推究(추구)
探究(탐구)

훈	궁구할	음	구	부수	穴
필순	宀宀宀究			총획	7

도움말
'木'(나무 목)과 '雚'(황새 관)을 더한 글자로, 원래 저울을 만드는 나무란 뜻이나 저울질하는 것은 무게를 지배한다는 데서 '권세'의 뜻을 지닌다.

용례
權勢(권세) 權利(권리)
女權(여권) 人權(인권)

훈	권세 저울 추	음	권	부수	木
필순	木木栌榨權			총획	22

3. 사회 정치 경제

선정 한자 익히기

고를 균

훈	고를	음	균	부수	土
필순	一十土圠圴均均			총획	7

도움말
'土'(흙 토)와 '勻'(가지런할 균)을 더한 글자로, 흙을 고르게 편다는 데서 '고르다'의 뜻을 지닌다.

용례
均等(균등) 均衡(균형)
均一(균일) 平均(평균)

금할 금

훈	금할 대궐	음	금	부수	示
필순	一木林林埜禁禁			총획	13

도움말
'林'(수풀 림)과 '示'(보일 시)를 더한 글자로, 신을 모신 수풀 근처에 들어가는 것을 금한다는 데서 '금하다'의 뜻을 지닌다.

용례
禁止(금지) 禁食(금식)
禁煙(금연) 拘禁(구금)

성낼 노

훈	성낼 세찰	음	노	부수	心
필순	乚女如奴怒怒			총획	9

도움말
'奴'(종 노)와 '心'(마음 심)을 더한 글자로, 부림을 당하는 종의 마음이 분노로 가득하다는 데서 '성내다'의 뜻을 지닌다.

용례
怒氣(노기) 憤怒(분노)
喜怒哀樂(희노애락)

홀로 독

훈	홀로	음	독	부수	犬(犭)
필순	丿犭犭犭狎獨			총획	16

도움말
'犬'(개 견)과 '蜀'(나라 촉)을 더한 글자로, 촉나라의 개는 서로 잘 싸우므로 함께 두지 못하고 따로따로 떼어 놓아야 한다는 데서 '홀로'의 뜻을 지닌다.

용례
獨立(독립) 獨白(독백)
獨唱(독창) 獨學(독학)

인륜 륜

훈	인륜	음	륜	부수	人(亻)
필순	亻仁仨伶侖倫			총획	10

도움말
'人'(사람 인)과 '侖'(뭉치 륜)을 더한 글자로, 사람이 뭉쳐서 살려면 윤리를 지켜야 한다는 데서 '인륜'의 뜻을 지닌다.

용례
倫理(윤리) 人倫(인륜)
天倫(천륜) 不倫(불륜)

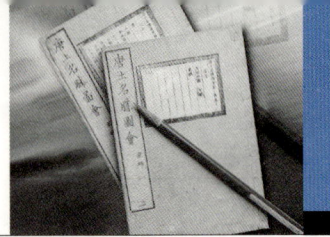

한자자격시험 4급

도움말

'彳'(자축거릴 척)과 '聿'(붓 율)을 더한 글자로, 붓으로 쓴 것을 곳곳에 보내어 백성들에게 지키도록 한 것이 법이라는 데서 '법'의 뜻을 지닌다.

용례

規律(규율) 法律(법률)
音律(음률)

법**률**

훈	법 음률	음	률	부수	彳
필순	ノ 彳 彳 彳 律 律			총획	9

도움말

'言'(말씀 언)과 '方'(방법 방)을 더한 글자로, 좋은 방법을 알기 위해 사람을 찾아가 묻는다는 데서 '찾다, 묻다'의 뜻을 지닌다.

용례

訪問(방문) 訪韓(방한)
巡訪(순방) 探訪(탐방)

찾을 **방**

훈	찾을	음	방	부수	言
필순	` 言 言 訪 訪			총획	11

도움말

'人'(사람 인)과 '弗'(아닐 불)을 더한 글자로, 진리를 깨우치고 생사의 번뇌를 초월하여 사욕에 얽매이지 않는, 사람이 아닌 부처를 뜻하는 글자.

용례

佛家(불가) 佛經(불경)
佛心(불심) 石佛(석불)

부처 **불**

훈	부처	음	불	부수	人(亻)
필순	亻 亻 伊 侣 佛 佛			총획	7

도움말

'言'(말씀 언)과 '射'(쏠 사)를 더한 글자로, 활을 쏘듯이 말을 하여 사례한다는 데서 '사례하다'의 뜻을 지닌다.

용례

謝禮(사례) 謝恩(사은)
謝罪(사죄) 感謝(감사)

사례할 **사**

훈	사례할 거절할	음	사	부수	言
필순	` 言 言 訃 謝 謝			총획	17

도움말

'禾'(벼 화)와 '厶'(사사 사)를 더한 글자로, '厶'는 팔을 굽힌 모양으로 팔을 굽혀 볏단을 들어 자기 소유임을 나타낸다는 데서 '사사롭다'의 뜻을 지닌다.

용례

私席(사석) 私費(사비)
私慾(사욕) 私有(사유)

사사로울 **사**

훈	사사로울 몰래	음	사	부수	禾
필순	ノ 二 千 禾 和 私			총획	7

3. 사회 정치 경제

선정 한자 익히기

훈	① 절 ② 관청	음	① 사 ② 시	부수	寸
필순	一 十 土 士 寺 寺			총획	6

도움말
'之'(土로 변형-갈 지)와 '寸'(법도 촌)을 더한 글자로, 일정한 법도 하에 일을 하는 관청을 뜻하였으나, 후에 불교가 처음 들어왔을 때 관청에서 불법을 논한 까닭으로 절의 뜻을 지닌다.

용례
寺刹(사찰) 寺院(사원)
山寺(산사)

훈	권세 형세	음	세	부수	力
필순	十 士 吉 軌 執 勢			총획	13

도움말
'執'(심을 예)와 '力'(힘 력)을 더한 글자로, 심은 초목이 힘차게 자라는 형태에서 '기세, 권세'의 뜻을 지닌다.

용례
勢力(세력) 强勢(강세)
氣勢(기세) 優勢(우세)

훈	세금	음	세	부수	禾
필순				총획	12

도움말
'禾'(벼 화)와 '兌'(기쁠 태)를 더한 글자로, 곡식을 수확하게 된 기쁨을 신에게 감사드리기 위해 제사 지낼 것을 거둬들인다는 데서 '세금'의 뜻을 지닌다.

용례
稅金(세금) 稅入(세입)
國稅(국세) 免稅(면세)

훈	거둘 잡을	음	수	부수	攴
필순	丨 丩 丱 收 收			총획	6

도움말
'丩'(얽힐 구) '攴'(칠 복)을 더한 글자로, 이삭에 얽혀 있는 낟알을 쳐서 모아 거둔다는 데서 '거두다'의 뜻을 지닌다.

용례
收去(수거) 收金(수금)
收納(수납) 收入(수입)

훈	닦을 꾸밀 고칠	음	수	부수	人(亻)
필순	亻 亻 伙 修 修 修			총획	10

도움말
'攸'(아득할 유)와 '彡'(터럭 삼)을 더한 글자로, 먼지를 털고 깨끗하게 닦는다는 데서 '닦다'의 뜻을 지닌다.

용례
修道(수도) 修練(수련)
修行(수행) 研修(연수)

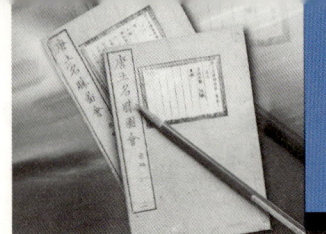

한 자 자 격 시 험 4 급

도움말
'爪'(손톱 조)와 'ㄇ'(덮을 멱), '又'(오른손 우)를 더한 글자로, 오른손으로 건네 주는 것을 받는다는 데서 '받다'의 뜻을 지닌다.

용례
受容(수용) 受取(수취)
引受(인수) 接受(접수)

받을 수

훈	받을	음	수	부수	又
필순	⺀⺊⺌⺍⺎受受			총획	8

도움말
'手'(손 수)와 '受'(받을 수)를 더한 글자로, 상대방에게 받으라고 손으로 준다는 데서 '주다'의 뜻을 지닌다.

용례
授與(수여) 授業(수업)
敎授(교수)

줄 수

훈	줄 가르칠	음	수	부수	手(扌)
필순	一扌扩护授			총획	11

도움말
'手'(손 수)와 '合'(합할 합)을 더한 글자로, 손으로 물건을 주워 합한다는 데서 '줍다'의 뜻을 지닌다.

용례
拾得(습득) 收拾(수습)

주울 습

훈	① 주울 ② 열	음	① 습 ② 십	부수	手(扌)
필순	一扌扑拎拾			총획	9

도움말
'彳'(자축거릴 척)과 '生'(날 생)을 더한 글자로, 모든 생물이 세상에 나왔다가 죽어간다는 데서 '가다'의 뜻을 지닌다.

용례
往來(왕래) 往復(왕복)
來往(내왕)

갈 왕

훈	갈(가다)	음	왕	부수	彳
필순	彳彳彳往往往			총획	8

도움말
'人'(사람 인)과 '衣'(옷 의)를 더한 글자로, 사람이 옷에 의지해 몸을 의지한다는 데서 '의지하다'의 뜻을 지닌다.

용례
依賴(의뢰) 依支(의지)
依存(의존)

의지할 의

훈	의지할 따를	음	의	부수	人(亻)
필순	亻亻亽佗佗依依			총획	8

3. 사회 정치 경제

선정 한자 익히기

더할 익

훈	더할(더하다) 이익	음	익	부수	皿
필순	⿱丷八谷益			총획	10

도움말

'水'(물 수-모양변형)와 '皿'(그릇 명)을 더한 글자로, 그릇에 물이 넘친다는 데서 '더하다'의 뜻을 지닌다.

용례

利益(이익) 純益(순익)
有益(유익)

끌 인

훈	끌(끌다) 인도할	음	인	부수	弓
필순	⼸弓引			총획	4

도움말

'弓'(활 궁)과 'ㅣ'(섬대 세울 곤)을 더한 글자로, 활시위에 화살을 세워 끌어당긴다는 데서 '끌다'의 뜻을 지닌다.

용례

引上(인상) 引率(인솔)
引出(인출) 牽引(견인)

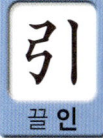
제사 제

훈	제사	음	제	부수	示
필순	⼂⼃⺼祭祭祭			총획	11

도움말

'肉'(고기 육-변형)과 '又'(오른손 우), '示'(보일 시)를 더한 글자로, 고기를 손으로 제단에 올려놓고 신에게 제사를 지낸다는 데서 '제사'의 뜻을 지닌다.

용례

祭器(제기) 祭祀(제사)
祭壇(제단) 祝祭(축제)

지을 제

훈	지을(짓다) 만들	음	제	부수	衣
필순	⼂⼃制製製			총획	14

도움말

'制'(지을 제)와 '衣'(옷 의)를 더한 글자로, 옷감을 잘라 옷을 만든다는 데서 '짓다'의 뜻을 지닌다.

용례

製造(제조) 製品(제품)
外製(외제) 調製(조제)

높을 존

훈	① 높을 ② 술통	음	① 존 ② 준	부수	寸
필순	⼂⺍酋尊			총획	12

도움말

'酋'(술익을 추)와 '寸'(법도 촌)을 더한 글자로, 술병을 법도에 맞추어 윗사람에게 바친다 하여 '높이다, 공경하다'의 뜻을 지닌다.

용례

尊敬(존경) 尊重(존중)
尊稱(존칭) 自尊心(자존심)

한자자격시험 4급

도움말
'土'(흙 토)와 '두사람을 뜻하는 人人'을 더한 글자로, 땅 위에 두 사람이 서로 마주보고 앉아 있다는 데서 '앉다'의 뜻을 지닌다.

용례
坐席(좌석) 坐視(좌시)
連坐(연좌)

훈	앉을	음	좌	부수	土
필순	ノ ⺈ ⺈⺈ ⺈⺈ ⺈⺈ 坐 坐			총획	7

도움말
'血'(피 혈)과 '乑'(무리 중)을 더한 글자로, 혈통이 같은 사람들끼리 한 무리를 이룬다는 데서 '무리'의 뜻을 지닌다.

용례
觀衆(관중) 大衆(대중)
民衆(민중)

훈	무리 많을	음	중	부수	血
필순	´ 宀 血 乎 界 衆			총획	12

도움말
'貝'(조개 패)와 '刀'(칼 도)를 더한 글자로, 재물을 나눌 때는 법칙에 근거해 나눈다는 데서 '법칙'의 뜻을 지닌다.

용례
規則(규칙) 法則(법칙)
罰則(벌칙) 反則(반칙)

훈	① 법칙 ② 곧	음	① 칙 ② 즉	부수	刀
필순	丨 冂 目 貝 貝 則			총획	9

도움말
'叀'(삼갈 전)과 '心'(마음 심)을 더한 글자로, 언행을 삼가고 어진 마음을 베푼다는 데서 '은혜'의 뜻을 지닌다.

용례
惠澤(혜택) 恩惠(은혜)
慈惠(자혜)

훈	은혜 인자할	음	혜	부수	心
필순	一 百 中 車 惠 惠			총획	12

도움말
'女'(여자 녀)와 '昏'(저물 혼)을 더한 글자로, 옛날 신부를 해가 저물 무렵에 맞이한다는 데서 '혼인하다'의 뜻을 지닌다.

용례
婚姻(혼인) 結婚(결혼)
新婚(신혼)

훈	혼인할	음	혼	부수	女
필순	〈 女 妒 娇 婚			총획	11

교과서 한자어 자세히 알기

갈등 葛藤
- **훈음**: 칡 **갈**, 등나무 **등**
- **풀이**: (견해, 주장, 이해 등이) 뒤엉킨 복잡한 상태. 서로 다른 두 가지의 욕구가 충돌하는 상태
- **쓰임**: 사회 葛藤의 증가는 현대 사회의 큰 문제로서, 이러한 葛藤의 해결은 마음을 열고 대화를 하는 데서 시작된다.

격차 隔差
- **훈음**: 막힐, 사이 뜰 **격**, 어긋날 **차**
- **풀이**: 수준이나 품질, 수량 따위의 차이
- **쓰임**: 산업화의 부작용으로 소득 隔差가 심화되면서, 또 그 隔差가 교육과 정보 부문의 隔差로 이어지고 있어 대책이 필요하다.

경제 經濟
- **훈음**: 지날 **경**, 건널 **제**
- **풀이**: 인간이 공동 생활을 하는 데에 필요한 재화를 획득·이용하는 활동 및 이를 통하여 이루어지는 사회 관계
- **쓰임**: 대한 민국의 經濟 질서는 개인과 기업의 경제상의 자유와 창의를 존중함을 기본으로 한다.

공황 恐慌
- **훈음**: 두려울 **공**, 절박할 **황**
- **풀이**: 자본주의 경제에서 과잉 생산으로 시장의 수요 공급이 급격하게 붕괴되어 나타나는 경제 침체 현상
- **쓰임**: 경제 恐慌은 이전에도 주기적으로 발생하였으나, 1929년의 恐慌은 전세계에 큰 영향을 주었다.

과점 寡占
- **훈음**: 적을 **과**, 점칠, 차지할 **점**
- **풀이**: 어떤 상품 시장의 대부분을 소수의 기업이 차지하는 일
- **쓰임**: 시장에 공급자가 하나인 경우를 독점, 소수인 경우를 寡占이라고 한다.

한 자 자 격 시 험 4 급

영장 令狀

- **훈음** 명령 **령**, 문서 **장**
- **풀이** 법원이 발부하는, 사람이나 물건에 대한 강제 처분을 내용으로 하는 문서
- **쓰임** 피고인이라도 구속 令狀이 있어야 잡아갈 수 있다.

금융 金融

- **훈음** 쇠 **금**, 녹을, 화할 **융**
- **풀이** 돈의 융통. 경제에서 자금의 수요와 공급의 관계
- **쓰임** 우리의 예금은 金融 기관에서 대출을 통해서 기업의 생산 활동에 쓰이게 된다.

기업 企業

- **훈음** 꾀할, 바랄 **기**, 업 **업**
- **풀이** 시장 경제에서의 생산의 주체
- **쓰임** 企業은 이윤을 얻기 위해 많은 노력을 한다.

납세 納稅

- **훈음** 들일, 바칠 **납**, 세금 **세**
- **풀이** 세금을 냄
- **쓰임** 納稅를 한 시민은 세금이 제대로 쓰이고 있는지도 감시해야 한다.

대중매체 大衆媒體

- **훈음** 큰 **대**, 무리 **중**, 중매 **매**, 몸 **체**
- **풀이** 매스 미디어. 대량의 정보, 지식 등을 넓은 지역의 많은 사람에게 전달하는 매체. 곧 신문, 잡지, 라디오, 영화, 텔레비전 따위를 이름. 대중전달매체
- **쓰임** 교통과 통신 수단, 신문·라디오·텔레비전과 같은 大衆媒體의 발달은 대량 생산된 물건의 대량 소비를 가능하게 하였고, 대중 문화를 확산시켰다.

3. 사회 정치 경제

교과서 한자어 자세히 알기

www.hanja114.org

박람회
博覽會

- 훈음: 넓을 **박**, 볼 **람**, 모일 **회**
- 풀이: 산업이나 기술 따위의 발전을 위하여 농업·공업·상업 등에 관한 물품을 모아, 일정한 기간 여러 사람들에게 보이는 모임
- 쓰임: 산업 博覽會에서는 여러 가지 신기술을 소개한다.

보통선거
普通選舉

- 훈음: 넓을, 널리 **보**, 통할 **통**, 가릴 **선**, 들 **거**
- 풀이: 모든 성인에게 제한을 두지 않고 선거권과 피선거권을 주는 제도
- 쓰임: 대중들도 普通選舉가 실시되어 정치에 참여할 수 있게 되었다.

복지
福祉

- 훈음: 복 **복**, 복 **지**
- 풀이: 만족할 만한 생활 환경. 행복
- 쓰임: 정부는 福祉 사회를 만들기 위해 많은 노력을 한다.

사법부
司法府

- 훈음: 맡을 **사**, 법 **법**, 관청 **부**
- 풀이: 삼권분립에 따라 사법권을 행사하는 법원
- 쓰임: 민주 국가에서는 입법부, 행정부, 司法府가 나랏일을 나누어 맡으며, 공정한 재판을 하기 위해 司法府의 독립을 보장하고 있다.

선택
選擇

- 훈음: 가릴 **선**, 가릴 **택**
- 풀이: 둘 이상의 것에서 마음에 드는 것을 골라 뽑음
- 쓰임: 편익이 기회 비용보다 더 크도록 選擇하는 것이 경제에서의 합리적 選擇이다.

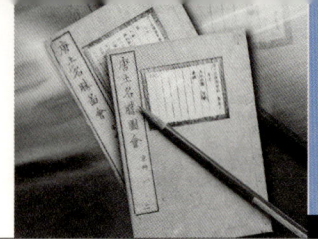

한 자 자 격 시 험 4 급

소비 消費
- **훈음** 쓸 소, 쓸 비
- **풀이** 돈이나 물건, 시간, 노력 따위를 써 없앰
- **쓰임** 가계는 상품을 구입하여 消費하는 주체이다.

수요 需要
- **훈음** 구할 수, 구할 요
- **풀이** 필요한 상품을 얻고자 하는 일
- **쓰임** 需要는 적은데 공급이 과다하면 가격이 떨어진다.

수입 輸入
- **훈음** 보낼 수, 들 입
- **풀이** 상품이나 기술 따위를 외국에서 들여옴
- **쓰임** 다른 나라에서 생산되는 농수산물과 공산품들은 우리 나라로 輸入되기도 한다.

여론 輿論
- **훈음** 수레 여, 논할 론
- **풀이** 사회 대중의 공통된 의견
- **쓰임** 대중 매체는 輿論을 형성하는 기능을 하는데, 최근에는 인터넷을 통해서 輿論을 형성하는 기능이 커졌다.

예금 預金
- **훈음** 미리, 맡길 예, 쇠 금
- **풀이** 은행 등의 금융 기관에 돈을 맡김
- **쓰임** 사람들은 은행에 보통 預金을 하고 돈이 필요할 때 언제든지 찾아 쓴다.

3. 사회 정치 경제

교과서 한자어 자세히 알기

익명성 匿名性
- **훈음**: 숨을 **닉**, 이름 **명**, 성품 **성**
- **풀이**: 본인의 이름이 드러나지 않는 성질
- **쓰임**: 정보화 사회에서 컴퓨터를 통해 이루어지는 인간 관계는 그 匿名性 때문에 많은 문제가 발생하기도 한다.

재판 裁判
- **훈음**: 옷 마를 **재**, 판가름할 **판**
- **풀이**: 구체적인 소송으로 인한 다툼을 해결하기 위하여 법원이나 법관이 내리는 공권적 판단
- **쓰임**: 민사 裁判은 개인 사이의 법적 분쟁을 다루고, 형사 裁判은 범죄에 대해서 검사가 기소하여 열리는 裁判이다.

준법정신 遵法精神
- **훈음**: 좇을 **준**, 법 **법**, 정기 **정**, 귀신 **신**
- **풀이**: 법을 올바로 지키는 정신
- **쓰임**: 권리 보장과 사회 질서는 遵法精神에서 비롯된다.

책임 責任
- **훈음**: 꾸짖을 **책**, 맡길 **임**
- **풀이**: 맡아서 해야할 임무나 의무. 법률에서 행위의 결과에 따른 손실이나 제재를 떠맡는 일
- **쓰임**: 법적인 責任에는 민사責任과 형사責任이 있다.

첨단 尖端
- **훈음**: 뽀족할 **첨**, 끝, 바를 **단**
- **풀이**: 맨 앞장
- **쓰임**: 우리 나라의 공업은 1980년대 이후로는 기술·지식 집약적인 尖端 산업 분야가 발달하고 있다.

한자자격시험 4급

투자 投資
- **훈음**: 던질 **투**, 재물 **자**
- **풀이**: 이익을 얻을 목적으로 사업 등에 자금을 댐
- **쓰임**: 많은 나라가 반도체와 신기술 개발에 적극적인 연구와 投資를 하고 있다.

투표 投票
- **훈음**: 던질 **투**, 표 **표**
- **풀이**: 선거 또는 어떤 일을 결정할 때 정해진 용지에 자기가 뽑고 싶은 사람의 이름이나 찬반의 의견 따위를 기입하여 지정된 곳에 넣음
- **쓰임**: 국민들은 선거에서 投票를 통해 정치에 참여한다.

판매 販賣
- **훈음**: 팔 **판**, 팔 **매**
- **풀이**: 상품을 팜
- **쓰임**: 동대문 시장은 옷을 도매로 販賣하는 대표적인 시장이다.

혁명 革命
- **훈음**: 가죽 **혁**, 목숨 **명**
- **풀이**: 상태나 사회 활동 따위에 급격한 변혁이 일어나는 일
- **쓰임**: 민주정치의 원리는 명예 革命, 프랑스 革命 같은 시민 혁명을 거치면서 얻어진 것이다.

희소성 稀少性
- **훈음**: 드물 **희**, 적을 **소**, 성품 **성**
- **풀이**: 인간의 물질적 욕구는 무한한 데 비해 자원은 한정되어 있는 상태
- **쓰임**: 다이아몬드는 稀少性 때문에 값이 비싸다.

고사성어와 한자성어

늙을 로 / 더욱 익 / 씩씩할 장

 노익장

'늙을수록 더욱 씩씩하다.' 는 뜻으로, 나이가 들어도 결코 젊은 이다운 패기가 변하지 않고 오히려 씩씩한 경우.

　나이는 많아도 마음이 젊기에 패기와 열정에 넘치는 분들을 보면 '노익장'을 보여 주신다고 합니다. 70대의 나이에도 꾸준한 운동으로 20대 보다 멋진 몸매를 유지하는 할아버지, 흰머리를 휘날리며 꽃배달을 하는 할머니, 이루지 못했던 공부의 한을 풀고자 늦깎이 학생이 되는 할아버지 모두가 노익장(老益壯)을 과시하는 분들입니다. 열정을 지니고 사시는 분들은 나이는 숫자일 뿐이라며 젊은이 못지 않게 씩씩하게 생활하고 계십니다.

　'노익장' 이란 말은 후한(後漢) 광무제(光武帝) 때의 명장 마원(馬援)의 이야기에서 찾아볼 수 있습니다. 마원은 어렸을 때부터 그릇이 크고 무예에도 정통하여 주위의 촉망을 받으며 자랐습니다. 훗날 마원은 督郵官(독우관)이란 시골 관리가 되어, 죄수 호송의 임무를 수행하던 어느날 죄수들이 괴로워하며 애통하게 울부짖는 것을 보고 모두 풀어주고 자기도 북방으로 도망가 버렸습니다.

　북방 변경에 정착한 그는 가축을 기르며 생활했는데 부지런하고 수완이 좋아 수년간 정성껏 가축을 길러 그 규모가 수천 마리까지 늘었습니다. 그는 번 돈을 어려운 이웃과 친구들을 돕는 데는 아끼지 않았으나 자신은 다 해진 양가죽 옷을 걸치고 소박한 식사를 하는 등 근검한 생활을 했다고 합니다.

　마원은 평소에 "대장부의 의지는 곤궁할 때 더욱 굳세어야 하며 늙을수록 의욕과 기력이 왕성해야 한다(大丈夫爲志 窮當益堅 老當益壯). 또 부유해지더라도 다른 사람에게 베풀지 않으면 수전노(守錢奴)일 뿐이다" 라고 말하였습니다. 후에 光武帝(광무제)에게 발탁돼 대장수가 되어 몇 차례나 혁혁한 전공을 세웠는데, 60세가 넘어서도 내란 토벌을 자원하자 광무제는 마원의 늙음을 이유로 그를 말리고자 했습니다. 마원은 자신이 비록 예순 두 살이나 아직도 갑옷을 입고 말을 탈 수 있으니 늙었다고 할 수 없다며 전장에 나갈 차비를 갖추었습니다. 이에 광무제는 감탄하며 "이 노익장이야말로 노당익장(老當益壯)이로군!" 이라고 했답니다. 그 후 마원은 대장군으로 임명되어 반란을 평정하고 흉노(匈奴) 토벌에 큰 공을 세움으로써 대기만성하였습니다.

　여기서 유래한 '노당익장(老當益壯)' 을 줄여서 '노익장(老益壯)' 이라고 하며, 나이가 들었어도 결코 젊은이다운 패기가 변하지 않고 오히려 군건함을 일컬을 때 쓰는 말입니다.

한자자격시험 4급

破 깨트릴 파 / 竹 대나무 죽 / 之 갈, 어조사 지 / 勢 기세 세

파죽지세

'대나무를 쪼갤 때의 기세'라는 뜻으로, 거침없이 맹렬한 기세.

대나무는 속이 비어 있으나 단단하며 곧게 자라는 나무입니다. 따라서 대나무를 쪼갤 때는 가장 위쪽에 칼을 대고 힘을 주기만 하면 아래 부분까지 곧게 갈라집니다. 이렇게 대나무가 쪼개지는 것처럼 거침없이 일이 잘 풀리거나 처리됨을 비유하는 말로 '파죽지세(破竹之勢)'라는 고사성어가 있습니다.

중국 천하가 오(吳)나라와 진(晉)나라로 나뉘어 대립되고 있던 때, 진의 무제는 남쪽의 기름진 땅을 차지하기 위해 오나라를 치기로 합니다. 이에 진남대장군(鎭南大將軍) 두예(杜預)가 진무제(晉武帝)로부터 출병 명령을 받아 대군을 거느리고 형주를 점령합니다. 출병한 이듬해 음력 2월, 두예는 휘하 장수들과 오나라를 공략할 마지막 작전회의를 열었습니다. 이때 한 장수가 곧 강물이 범람할 시기가 다가오고, 또 언제 전염병이 발생할지 모르니 일단 후퇴했다가 겨울에 다시 공격하는 것이 어떻겠느냐고 건의했습니다.

이에 두예는 단호하게 대답했습니다.
"그건 안 된다. 지금 우리 군사들의 사기는 하늘을 찌를 듯이 높아 마치 '대나무를 쪼갤 때의 맹렬한 기세(破竹之勢)'와 같다. 대나무란 일단 쪼개지기 시작하면 그 다음부터는 칼날을 대기만 해도 저절로 쪼개지는 법인데, 어찌 이런 절호의 기회를 놓칠 수 있단 말인가."
두예는 곧바로 전군을 출병시켜 오나라의 도읍으로 진격하여 그 곳을 함락시켰고, 천하는 진에 의해 통일되었습니다.
여기서 유래한 '대나무를 쪼개듯 맹렬하게 진군하는 기세'를 뜻하는 '파죽지세(破竹之勢)'라는 말은 오늘날 주가가 계속 상승할 때, 운동선수가 경기마다 승리 할 때, 선거에서 한 후보가 많은 지지를 받을 때, 영화 관객 수가 엄청나게 늘어날 때 등 사회 각 분야에서 많이 인용되고 있습니다.

고사성어와 한자성어

 알아두면 유익한 한자성어

權 不 十 年
권세 권 / 아니 불 / 열 십 / 해 년

권불십년
'권세는 10년을 가지 못한다.'는 뜻으로, 권력의 무상함을 일깨우는 말.

騎 虎 之 勢
말탈 기 / 호랑이 호 / 갈, 어조사 지 / 형세 세

기호지세
'호랑이를 탄 형세'라는 뜻으로, 호랑이를 타고 달리는 도중 내릴 수 없는 것처럼 한번 시작한 일을 중간에 그만 둘 수 없는 경우.

獨 不 將 軍
홀로 독 / 아닐 불 / 장수 장 / 군사 군

독불장군
'혼자서는 장군을 할 수 없다.'는 뜻으로, 남의 의견은 무시하고 모든 일을 자신의 마음대로만 처리하는 사람.

我 田 引 水
나 아 / 밭 전 / 끌 인 / 물 수

아전인수
'제 논에 물 대기'라는 뜻으로, 자기에게만 유리하게 행동하거나 생각하는 이기적인 경우.

3-3. 알아두면 유익한 한자성어

才子佳人 (재주 재 / 사내 자 / 아름다울 가 / 사람 인)

재자가인
재주가 있는 남자와 아름다운 여자.

坐不安席 (앉을 좌 / 아닐 불 / 편안할 안 / 자리 석)

좌불안석
'앉아 있으나 편안한 자리가 아니다'는 뜻으로, 마음이 불안하고 걱정스러워 가만히 한 군데에 오래 앉아 있지 못하는 경우.

衆口難防 (무리 중 / 입 구 / 어려울 난 / 막을 방)

중구난방
'여러 사람의 입은 막기가 어렵다.'는 뜻으로, 많은 사람이 마구 떠들어대는 소리는 감당하기 어렵다는 뜻.

千篇一律 (일천 천 / 책 편 / 하나 일 / 음률 률)

천편일률
'천 편이 모두 한 가지 운율'이라는 뜻으로, 시문(詩文)이나 사물이 독특한 개성 없이 모두 비슷비슷한 경우.

단원 마무리 연습문제

♣ 다음 ( )안에 공통으로 들어갈 한자를 〈보기〉에서 골라 쓰세요.(1~8)

보기

慶 勢 倫 均 佛 佳 獨 權

1. ( )人, ( )節, ( )作
2. ( )祝, ( )事, ( )州
3. ( )力, 集( ), ( )勢
4. ( )等, ( )田, 平( )
5. ( )身, ( )居, 單( )
6. 人( ), ( )理, 天( )
7. ( )道, 禮( ), ( )敎
8. 權( ), ( )力, ( )道

♣ 다음 뜻에 해당하는 단어를 〈보기〉에서 골라 한자로 조합하여 쓰세요. (9~13)

보기

| 更 | 禁 | 感 | 稅 | 受 |
| 信 | 金 | 謝 | 止 | 新 |

9. 고쳐 새로워짐
   ( )

10. 못하게 함
    ( )

11. 고마움
    ( )

12. 국가가 징수하는 돈
    ( )

13. 통신을 받음
    ( )

♣ 다음 ( )안에 들어갈 적합한 한자어를 바르게 쓴 것을 고르세요. (14~20)

14. 경제 ( )은 이전에도 주기적으로 발생하였으나, 1929년의 ( )은 전세계에 큰 영향을 주었다.
    ① 恐惶 ② 供慌 ③ 公慌 ④ 恐慌

15. 피고인이라도 구속 ( )이 있어야 잡아갈 수 있다.
    ① 令狀 ② 英將 ③ 靈長 ④ 映將

16. 우리의 예금은 ( ) 기관에서 대출을 통해서 기업의 생산 활동에 쓰이게 된다.
    ① 슥融 ② 金戎 ③ 金融 ④ 金瀜

17. 대중 ( )의 발달은 대량 생산된 물건의 대량 소비를 가능하게 하였고, 대중 문화를 확산시켰다.
    ① 梅體 ② 媒體 ③ 賣體 ④ 買體

18. 정부는 ( ) 사회를 만들기 위해 많은 노력을 한다.
    ① 福祉 ② 伏地 ③ 福池 ④ 福智

19. 경기가 나쁠 때에는 ( ) 심리가 위축된다.
    ① 疏批 ② 所費 ③ 小婢 ④ 消費

20. 정보화 사회에서 컴퓨터를 통해 이루어지는 인간관계는 그 ( )성 때문에 많은 문제가 발생하기도 한다.
① 匿名　② 益名　③ 漢名　④ 翌名

♣ 다음 질문에 적합한 한자를 〈보기〉중에서 골라 쓰세요. (21~30)

> 보기
>
> 尊　權　究　益　耕
> 授　往　私　競　佳

21. 美와 비슷한 뜻을 가진 한자는?
(　　　)

22. 公과 반대의 뜻을 가진 한자는?
(　　　)

23. 救와 음이 같은 한자는?
(　　　)

24. 勢와 뜻이 비슷한 한자는?
(　　　)

25. 來와 뜻이 반대되는 한자는?
(　　　)

26. 爭과 뜻이 비슷한 한자는?
(　　　)

27. 受와 뜻이 반대되는 한자는?
(　　　)

28. 減과 뜻이 반대되는 한자는?
(　　　)

29. 高와 뜻이 비슷한 한자는?
(　　　)

30. 田과 관계 깊은 한자는?
(　　　)

정답

1. 佳	2. 慶	3. 權	4. 均	5. 獨	6. 倫	7. 佛	8. 勢
9. 更新	10. 禁止	11. 感謝	12. 稅金	13. 受信	14. ④	15. ①	16. ③
17. ②	18. ①	19. ④	20. ①	21. 佳	22. 私	23. 究	24. 權
25. 往	26. 競	27. 授	28. 益	29. 尊	30. 耕		

4 역사 지리

4-1. 선정 한자 익히기
4-2. 교과서 한자어 자세히 알기
4-3. 알아두면 유익한 한자성어
4-4. 단원 마무리 연습문제

| 학습의 주안점 |
이 단원에서는 역사, 지리와 관련 있는 한자들을 읽고 쓰며,
그 뜻을 정확히 알도록 노력합시다.

www.hanja114.org

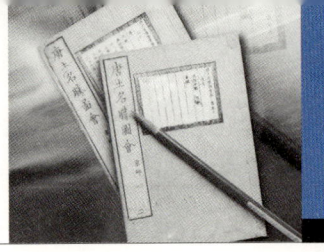

 새로 익힐 선정 한자

建	세울	건	保	지킬	보	敵	원수	적
故	연고	고	復	돌아올	복	停	머무를	정
舊	옛	구	聖	성스러울	성	政	정사	정
久	오랠	구	盛	성할	성	察	살필	찰
弓	활	궁	續	이을	속	處	곳, 살	처
丹	붉을	단	承	이을	승	最	가장	최
達	통달할	달	研	갈	연	取	가질	취
徒	무리	도	雄	수컷	웅	退	물러날	퇴
練	익힐	련	危	위태할	위	布	베, 펼	포
列	벌릴	렬	遺	남길	유	限	한정할	한
滿	찰	만	恩	은혜	은	鄕	시골, 마을	향
忘	잊을	망	移	옮길	이	協	도울	협
務	힘쓸	무	將	장수	장			
伐	칠	벌	適	맞을	적			

 교과서에 나오는 한자어

가채	可採	붕당	朋黨	조약	條約
간척	干拓	순장	殉葬	죽림칠현	竹林七賢
고증학	考證學	시설작물	施設作物	중계무역	中繼貿易
국보	國寶	위성도시	衛星都市	천부	天賦
기호	嗜好	유신	維新	축척	縮尺
답사	踏査	장원	莊園	편서풍	偏西風
매장	埋藏	전제정치	專制政治	한대기후	寒帶氣候
박물관	博物館	절대왕정	絶對王政	환곡	還穀
봉건제도	封建制度	제국주의	帝國主義	훈고학	訓詁學
부도심	副都心	제정일치	祭政一致		
분단	分斷	조경수역	潮境水域		

선정 한자 익히기

세울 건

훈	세울	음	건	부수	廴
필순	그ㅋ글聿建建			총획	9

도움말
'聿'(붓 율)과 '廴'(길게 걸을 인)을 더한 글자로, 붓으로 나라에서 세울 법을 멀리 알려 기강을 세운다는 데서 '세우다'의 뜻을 지닌다.

용례
建國(건국) 建立(건립)
建設(건설) 創建(창건)

연고 고

훈	연고 예(옛을)	음	고	부수	攵
필순				총획	9

도움말
'古'(옛 고)와 '攵'(칠 복)을 더한 글자로, 옛일을 꺼내어 그 까닭을 알아본다는 데서 '옛, 연고'의 뜻을 지닌다.

용례
故國(고국) 故鄕(고향)
緣故(연고) 作故(작고)

옛 구

훈	옛 오랠	음	구	부수	臼
필순	十十廾產萑舊			총획	18

도움말
'艹'(풀 초)와 '崔'(새 추), '臼'(절구 구)를 더한 글자로, 새들이 오랫동안 풀잎을 모아 절구통같은 둥지를 만들었다는 데서 '옛'의 뜻을 지닌다.

용례
舊面(구면) 舊式(구식)
親舊(친구)

오랠 구

훈	오랠	음	구	부수	丿
필순	ノク久			총획	3

도움말
걷고 있는 사람을 뒤에서 잡고 있는 모양을 나타낸 글자로, 시간이 '오래되다'의 뜻을 지닌다.

용례
悠久(유구) 永久(영구)
持久力(지구력)

활 궁

훈	활	음	궁	부수	弓
필순	그그弓			총획	3

도움말
활의 모양을 본떠 만든 글자

용례
弓術(궁술) 名弓(명궁)
洋弓(양궁)

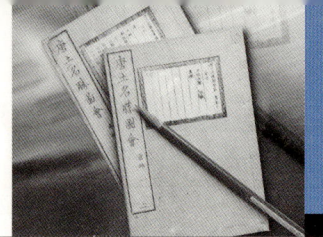

한 자 자 격 시 험 4 급

도움말
'冂'(빌 경)과 '一'(한 일-땅을 가르킴), '丶'(불똥 주)를 더한 글자로, 채광을 위해 판 갱도 바닥에 나타나는 붉은 빛깔의 광석을 뜻하는 글자.

용례
丹心(단심) 丹靑(단청)
丹楓(단풍)

붉을 **단**

훈	붉을 정성 약	음	단	부수	丶
필순	ノ 刀 月 丹			총획	4

도움말
'辶'(쉬엄쉬엄갈 착)과 '羍'(새끼양 달)을 더한 글자로, 새끼양이 어미양이 있는 곳까지 걸어간다는 데서 '이르다, 통달하다'의 뜻을 지닌다.

용례
達成(달성) 到達(도달)
發達(발달) 傳達(전달)

통달할 **달**

훈	통달할 능숙할	음	달	부수	辶
필순	一十土幸幸達			총획	13

도움말
'彳'(자축거릴 척)과 '土'(흙 토), '止'(그칠 지-발을 가르킴)를 더한 글자로, 땅 위를 걸어다니는 사람들이 무리를 짓는다는 데서 '무리'의 뜻을 지닌다.

용례
徒食(도식) 信徒(신도)
生徒(생도)

무리 **도**

훈	무리 맨손 헛될	음	도	부수	彳
필순	ノ 彳 彳 往 往 徒 徒			총획	10

도움말
'糸'(실 사)와 '柬'(분별할 간)을 더한 글자로, 실을 삶아 불순물을 가려낸다는 데서 '익히다'의 뜻을 지닌다.

용례
修練(수련) 訓練(훈련)

익힐 **련**

훈	익힐	음	련	부수	糸
필순	ㄴ 幺 糸 糸 紡 練			총획	15

도움말
'歹'(뼈앙상할 알)과 '刀'(칼 도)를 더한 글자로, 칼로 뼈를 발라내어 벌려 놓는다는 데서 '벌리다'의 뜻을 지닌다.

용례
列擧(열거) 序列(서열)
一列(일렬) 行列(항렬)

벌일 **렬**

훈	벌일	음	렬	부수	刀(刂)
필순	一 ア 歹 歹 列 列			총획	6

4. 역사 지리

선정 한자 익히기

훈	찰(차다) 풍족할	음	만	부수	水(氵)
필순	`氵氵汁`滿滿滿			총획	14

도움말
'水'(물 수)와 '㒼'(평평할 만)을 더한 글자로, 그릇의 물이 사면으로 평평하게 넘친다는 데서 '차다'의 뜻을 지닌다.

용례
滿了(만료) 滿發(만발)
滿員(만원) 充滿(충만)

훈	잊을	음	망	부수	心
필순	亠亡产忘忘忘			총획	7

도움말
'亡'(잃을 망)과 '心'(마음 심)을 더한 글자로, 마음속에 간직한 것을 잃었다는 데서 '잊다'의 뜻을 지닌다.

용례
忘却(망각) 忘年會(망년회)
勿忘草(물망초)

훈	힘쓸 직무	음	무	부수	力
필순	矛マ予矛務務			총획	11

도움말
'敄'(힘쓸 무)와 '力'(힘 력)을 더한 글자로, 일에 힘쓴다는 데서 '힘쓰다'의 뜻을 지닌다.

용례
義務(의무) 勤務(근무)
業務(업무) 休務(휴무)

훈	칠(치다) 벨	음	벌	부수	人(亻)
필순	ノイ仁代伐伐			총획	6

도움말
'人'(사람 인)과 '戈'(창 과)를 더한 글자로, 사람이 창을 들고 사람을 친다는 데서 '치다'의 뜻을 지닌다.

용례
伐木(벌목) 伐草(벌초)
討伐(토벌)

훈	지킬 맡을	음	보	부수	人(亻)
필순	亻亻伊伊保保			총획	9

도움말
'人'(사람 인)과 '呆'(지킬 보)를 더한 글자로, 어린아이를 잘 지키고 보호해야 한다는 데서 '지키다'의 뜻을 지닌다.

용례
保護(보호) 保溫(보온)
保全(보전) 確保(확보)

한자자격시험 4급

도움말
'彳'(자축거릴 척)과 '复'(돌아갈 복)을 더한 글자로, 갔던 길을 다시 돌아간다는 데서 '돌아오다, 다시'의 뜻을 지닌다.

용례
復古(복고) 復習(복습)
復歸(복귀) 回復(회복)
復活(부활)

돌아올 **복**

훈	① 돌아올 ② 다시	음	① 복 ② 부	부수	彳
필순	ノイ彳㣺㣠復			총획	12

도움말
'耳'(귀 이)와 '呈'(평정할 정)을 더한 글자로, 어떤 일에 잘 통하고 거짓이 없는 성인이라는 데서 '성스럽다'의 뜻을 지닌다.

용례
聖人(성인) 聖經(성경)
聖堂(성당) 神聖(신성)

성스러울 **성**

훈	성스러울 뛰어날	음	성	부수	耳
필순	丅耳耵聖聖聖			총획	13

도움말
'成'(이룰 성)과 '皿'(그릇 명)을 더한 글자로, 제사를 지낼 때 그릇에 음식이 가득하다는 데서 '성하다'의 뜻을 지닌다.

용례
盛大(성대) 隆盛(융성)
大盛(대성)

성할 **성**

훈	성할 많을	음	성	부수	皿
필순	ノ厂厂成盛盛			총획	12

도움말
'糸'(실 사)와 '賣'(팔 육)를 더한 글자로, 물건을 사고 파는 것이 실이 이어지는 것과 같다는 데서 '잇다'의 뜻을 지닌다.

용례
續編(속편) 連續(연속)
接續(접속)

이을 **속**

훈	이을(잇다)	음	속	부수	糸
필순	乀幺糸紵繪續			총획	21

도움말
'手'(손 수)와 '氶'(도울 승)을 더한 글자로, 임금이 준 부절을 두 손으로 떠받치고 임금의 명을 이어받아 정사를 돕는다는 데서 '잇다'의 뜻을 지닌다.

용례
承繼(승계) 繼承(계승)
傳承(전승)

이을 **승**

훈	이을(잇다) 받들	음	승	부수	手
필순	乛了手承承承			총획	8

4. 역사 지리

선정 한자 익히기

훈	갈(갈다)	음	연	부수	石
필순	一石矿研研			총획	11

도움말
'石'(돌 석)과 '开'(평평할 견)을 더한 글자로, 돌이 평평해지도록 간다는 데서 '갈다'의 뜻을 지닌다.

용례
研磨(연마) 研究(연구)
研修(연수)

훈	수컷	음	웅	부수	隹
필순	一ナ大広妙雄			총획	12

도움말
'厷'(팔꿈치 굉)과 '隹'(새 추)를 더한 글자로, 새 중에서 팔꿈치의 힘이 센 것이 수컷이라는 데서 '수컷'의 뜻을 지닌다.

용례
雄壯(웅장) 雄大(웅대)
雌雄(자웅)

훈	위태할	음	위	부수	卩
필순	''ㄠㄠ产户危			총획	6

도움말
'𠂉'(위태로울 위)과 '卩'(병부 절)을 더한 글자로, 사람이 절벽 위에 서 있으면 위태롭다는 데서 '위태롭다'의 뜻을 지닌다.

용례
危急(위급) 危篤(위독)
危殆(위태)

훈	남길 버릴 잃을	음	유	부수	辶
필순	口中虫冉貴遺			총획	16

도움말
'辶'(쉬엄쉬엄갈 착)과 '貴'(귀할 귀)를 더한 글자로, 길을 가다 귀한 물건을 떨어뜨린다는 데서 '남기다'의 뜻을 지닌다.

용례
遺産(유산) 遺言(유언)
遺品(유품)

훈	은혜 사랑할	음	은	부수	心
필순	冂冂因因恩恩			총획	10

도움말
'因'(인할 인)과 '心'(마음 심)을 더한 글자로, 진심으로 우러난 마음으로 말미암아 보답을 받게 된다는 데서 '은혜'의 뜻을 지닌다.

용례
恩惠(은혜) 恩師(은사)
師恩(사은) 結草報恩(결초보은)

한 자 자 격 시 험 4 급

도움말
'禾'(벼 화)와 '多'(많을 다)를 더한 글자로, 못자리의 벼를 논에 옮겨 심는다는 데서 '옮기다'의 뜻을 지닌다.

용례
移民(이민)　移徙(이사)
移轉(이전)　轉移(전이)

훈	옮길	음	이	부수	禾
필순	´ 千 禾 秒 移 移			총획	11

도움말
'爿'(조각널 장)과 '月'(고기 육), '寸'(법도 촌)을 더한 글자로, 신에게 많은 제물을 차려 놓고 법도 있게 씨족을 거느린다 하여 '장수'의 뜻을 지닌다.

용례
將帥(장수)　將軍(장군)
武將(무장)

훈	장수 장차	음	장	부수	寸
필순	丨 爿 爿 將 將 將			총획	11

도움말
'辶'(쉬엄쉬엄갈 착)과 '啇'(나무 뿌리 적)을 더한 글자로, 밭에서 나무 뿌리를 잘라낼 때는 적당한 것을 골라야 한다는 데서 '맞다, 적당하다'의 뜻을 지닌다.

용례
適當(적당)　適性(적성)
適應(적응)　快適(쾌적)

훈	맞을(맞다) 즐길	음	적	부수	辶
필순	´ 亠 啇 商 商 適			총획	15

도움말
'啇'(나무뿌리 적)과 '攵'(칠 복)을 더한 글자로, 적의 근거지를 친다는 데서 '원수'의 뜻을 지닌다.

용례
敵軍(적군)　敵手(적수)
對敵(대적)　倭敵(왜적)

훈	원수 대적할	음	적	부수	攵
필순	´ 亠 啇 敵 敵 敵			총획	15

도움말
'人'(사람 인)과 '亭'(정자 정)을 더한 글자로, 사람이 정자에서 잠시 머무른다는 데서 '머무르다'의 뜻을 지닌다.

용례
停止(정지)　停車(정차)
停車場(정거장)

훈	머무를	음	정	부수	人
필순	亻 亻 伫 停 停 停			총획	11

선정 한자 익히기

政 정사 정

훈	정사 다스릴	음	정	부수	攵
필순	一T F正正政政			총획	9

도움말
'正'(바를 정)과 '攵'(칠 복)을 더한 글자로, 바르지 않은 것을 쳐서 바르게 이끈다는 데서 백성들을 바르게 이끄는 '정사'를 뜻한다.

용례
政治(정치) 政權(정권)
善政(선정)

察 살필 찰

훈	살필	음	찰	부수	宀
필순	宀宀宀宂察察			총획	14

도움말
'宀'(집 면)과 '祭'(제사 제)를 더한 글자로, 집에서 제사를 정성껏 돌본다 하여 '살피다'의 뜻을 지닌다.

용례
警察(경찰) 巡察(순찰)
診察(진찰)

處 곳 처

훈	곳 살다	음	처	부수	虍
필순	卜卜广虍處處			총획	11

도움말
'虍'(범 호)와 '几'(안석 궤), '夂'(천천히 걸을 쇠)가 더해진 글자로, 걸음을 멈추고 걸상에 앉아 쉬는 곳이라는 데서 '곳'의 뜻을 지닌다.

용례
處女(처녀) 處所(처소)
居處(거처) 出處(출처)

最 가장 최

훈	가장	음	최	부수	曰
필순	日旦昌昌最最			총획	12

도움말
'曰'(가로 왈)과 '取'(취할 취)를 더한 글자로, 여럿 중에 물건을 취하겠다고 말하는 것이 가장 낫다는 데서 '가장'의 뜻을 지닌다.

용례
最新(최신) 最近(최근)
最初(최초)

取 가질 취

훈	가질	음	취	부수	又
필순	一丁 F 耳 取 取			총획	8

도움말
'又'(오른손 우)와 '耳'(귀 이)를 더한 글자로, 전쟁에서 적을 죽이면 증거물로 적의 귀를 잘라왔다는 데서 '가지다'의 뜻을 지닌다.

용례
取得(취득) 取捨(취사)
爭取(쟁취)

한 자 자 격 시 험 4 급

도움말
'辶'(쉬엄쉬엄갈 착)과 '艮'(그칠 간)을 더한 글자로, 하던 일을 그치고 간다는 데서 '물러나다'의 뜻을 지닌다.

용 례
退却(퇴각) 退場(퇴장)
後退(후퇴) 早退(조퇴)

물러날 퇴

훈	물러날	음	퇴	부수	辶
필순	ㄱㄱ艮`艮退			총획	10

도움말
'巾'(수건 건)과 '父'(아비 부)를 더한 글자로, 아버지가 아들을 매로 다스리듯 천을 방망이로 다듬는다는 데서 '베, 펴다'의 뜻을 지닌다.

용 례
布木(포목) 毛布(모포)
布告(포고)

베 포

훈	베 펴다	음	포	부수	巾
필순	一ナ才右布			총획	5

도움말
'阝'(언덕 부)와 '艮'(그칠 간)을 더한 글자로, 높은 언덕의 끝이 막혀 있다는 데서 '한정되다'의 뜻을 지닌다.

용 례
限度(한도) 限定(한정)
制限(제한)

한정할 한

훈	한정할	음	한	부수	阜(阝)
필순	阝阝阝阝限限			총획	9

도움말
'𨛜'(촌락을 뜻하는 한자)와 '皀'(밥고소할 흡)을 더한 글자로, 촌락에서 음식을 가운데 놓고 둘러앉은 모양에서 '고향'의 뜻을 지닌다.

용 례
鄕村(향촌) 鄕愁(향수)
故鄕(고향) 他鄕(타향)

시골 향

훈	시골 마을	음	향	부수	邑(阝)
필순	乡乡乡乡鄉鄉			총획	13

도움말
'十'(열 십)과 '劦'(합할 협)을 더한 글자로, 많은 사람이 힘을 합한다 하여 '돕다'의 뜻을 지닌다.

용 례
協助(협조) 協力(협력)
妥協(타협)

도울 협

훈	도울	음	협	부수	十
필순	一十协协協			총획	8

4. 역사 지리

교과서 한자어 자세히 알기

가채 可採
- **훈음**: 옳을 **가**, 캘 **채**
- **풀이**: (자원 따위를) 땅에서 파내거나 거두어들일 수 있음
- **쓰임**: 석유의 可採 연수는 40년 정도이고, 천연 가스는 60년 정도라 한다.

간척 干拓
- **훈음**: 방패 **간**, 넓힐 **척**
- **풀이**: 호수나 바닷가에 둑을 쌓아 그 안의 물을 빼고 농경지로 만드는 일
- **쓰임**: 아산만에서 대규모의 干拓 사업이 이루어졌다.

고증학 考證學
- **훈음**: 상고할 **고**, 증거 **증**, 배울 **학**
- **풀이**: 옛 문헌에서 확실한 증거를 찾아 실증적으로 연구하려고 하였던 학문
- **쓰임**: 실사구시는 청나라 때 考證學파가 내세운 표어로, 실학사상의 기초가 되었다.

국보 國寶
- **훈음**: 나라 **국**, 보배 **보**
- **풀이**: 나라의 보배. 가치가 높은 것으로 평가되어 국가가 보호·관리하는 문화재
- **쓰임**: 國寶 제1호는 숭례문이다.

기호 嗜好
- **훈음**: 즐길 **기**, 좋을 **호**
- **풀이**: 즐기고 좋아함
- **쓰임**: 커피, 차, 담배의 원료인 嗜好 작물을 대량으로 재배하는 플랜테이션이 동남아시아에서 발전하였다.

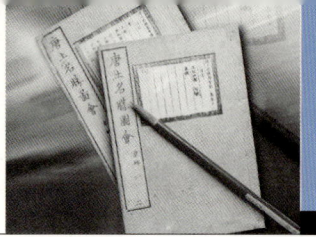

한 자 자 격 시 험 4 급

답사 踏查
- **훈음**: 밟을 **답**, 조사할 **사**
- **풀이**: 실지로 현장에 가서 보고 조사함
- **쓰임**: 정서네 분단은 신라의 옛 도읍지인 경주로 踏査 여행을 떠났다.

매장 埋藏
- **훈음**: 묻을 **매**, 감출 **장**
- **풀이**: 광물 따위가 묻혀 있음
- **쓰임**: 석유는 서남아시아의 페르시아만 부근에 전 세계의 60%가 埋藏되어 있어, 지역적으로 매우 불균등한 분포를 보인다.

박물관 博物館
- **훈음**: 넓을 **박**, 만물 **물**, 집 **관**
- **풀이**: 역사·민속·산업·과학·예술 등에 관한 자료를 수집, 보관하고 전시하여 사회 교육과 학술 연구에 도움이 되게 만든 시설
- **쓰임**: 博物館에는 문화재들이 많이 있다.

봉건제도 封建制度
- **훈음**: 봉할 **봉**, 세울 **건**, 제도 **제**, 법도 **도**
- **풀이**: 영주가 가신에게 영토를 주고, 그 대신에 군역의 의무를 부과하는 주종관계를 기본으로 하는 제도
- **쓰임**: 중세 유럽의 사회 제도는 封建制度였다.

부도심 副都心
- **훈음**: 버금 **부**, 도읍 **도**, 마음 **심**
- **풀이**: 대도시에서 도심과는 따로 형성되어 도심의 기능을 분담하고 있는 업무·상업상의 번화가
- **쓰임**: 서울의 청량리, 신촌, 영등포 등은 副都心이다.

4. 역사 지리

교과서 한자어 자세히 알기

분단 分斷
- **훈음**: 나눌 **분**, 끊을 **단**
- **풀이**: 끊어서 동강을 냄
- **쓰임**: 우리 나라는 남북 分斷으로 국방비에 막대한 비용이 들어가는 등 국고가 낭비되고 있다.

붕당 朋黨
- **훈음**: 벗 **붕**, 무리 **당**
- **풀이**: 뜻이 같은 사람끼리 모인 단체
- **쓰임**: 朋黨 정치 초기에는 朋黨간에 견제와 비판이 용인되어 건전한 정치가 이루어졌다.

순장 殉葬
- **훈음**: 따라죽을 **순**, 장사지낼 **장**
- **풀이**: 사후 세계를 믿어, 지배 계급의 인물이 죽었을 때에 부인, 신하, 노비 등을 함께 묻는 장법
- **쓰임**: 부여에는 殉葬과 껴묻거리를 묻는 장례 관습이 있었다.

시설작물 施設作物
- **훈음**: 베풀 **시**, 베풀 **설**, 지을 **작**, 물건 **물**
- **풀이**: 온실·비닐하우스·수경 시설 등을 이용하여 재배하는 작물
- **쓰임**: 최근에는 원예 작물의 재배 면적이 증가하고, 施設作物의 재배 비중이 커지고 있다.

위성도시 衛星都市
- **훈음**: 지킬 **위**, 별 **성**, 도읍 **도**, 저자 **시**
- **풀이**: 대도시 주변에 발달하여 대도시와 밀접한 관계를 맺고, 그 기능의 일부를 분담하고 있는 소도시
- **쓰임**: 서울 주변에는 衛星都市가 발달해 있다.

유신 維新
- **훈음**: 벼리, 맬 **유**, 새로울 **신**
- **풀이**: 제도나 체제를 새롭게 고침
- **쓰임**: 박정희 대통령이 장기 집권을 위하여 10월 維新을 선포하자 각계각층에서는 반대 투쟁을 전개하였다.

장원 莊園
- **훈음**: 장엄할, 풀 성할 **장**, 동산 **원**
- **풀이**: 서양의 중세 봉건사회에서, 귀족이나 승려, 교회 등에 의해 이루어졌던 토지 소유의 한 형태
- **쓰임**: 중세는 莊園을 중심으로 경제 활동이 이루어졌는데, 농노는 영주로부터 토지를 빌려 농사를 지었다.

전제정치 專制政治
- **훈음**: 오로지 **전**, 제도 **제**, 정사 **정**, 다스릴 **치**
- **풀이**: 국가의 주권이 한 개인이나 특정 계급에 좌우되어, 그들만의 의사대로 정치가 행해지는 일
- **쓰임**: 전체주의 국가들은 專制政治를 한다.

절대왕정 絕對王政
- **훈음**: 끊을 **절**, 대답할 **대**, 임금 **왕**, 정사 **정**
- **풀이**: 왕이 절대적인 권력을 잡고 국민을 지배, 통치하는 정치 형태
- **쓰임**: 絕對王政 시대에 왕들은 왕권 신수설을 내세워 자신들의 절대 권력을 합리화하였다.

제국주의 帝國主義
- **훈음**: 임금 **제**, 나라 **국**, 주인 **주**, 뜻 **의**
- **풀이**: 군사적·경제적으로 남의 나라나 후진 민족을 정복하여 자기 나라의 영토와 권력을 넓히는 주의
- **쓰임**: 2차 산업 혁명 이후 帝國主義가 등장하여 20세기초까지 아프리카 대부분이 식민지로 분할되었다.

교과서 한자어 자세히 알기

제정일치
祭政一致
- **훈음**: 제사 **제**, 정사 **정**, 한 **일**, 이를 **치**
- **풀이**: 제사와 정치가 일치하는 정치 형태나 사상
- **쓰임**: 祭政一致의 사회에서는 족장이 하늘에 제사 지내는 일 등의 종교 의식도 주관하여 더욱 권위를 갖는다.

조경수역
潮境水域
- **훈음**: 조수 **조**, 지경 **경**, 물 **수**, 지경 **역**
- **풀이**: 한류와 난류가 만나는 바다
- **쓰임**: 潮境水域인 동해는 물고기의 먹이가 되는 플랑크톤이 풍부하여 좋은 어장을 이룬다.

조약
條約
- **훈음**: 조목, 가지 **조**, 맺을 **약**
- **풀이**: (국제상의 권리나 의무에 관한) 문서에 의한 국가간의 합의
- **쓰임**: 條約을 체결하여도 그 條約을 어기는 나라에 대한 제재수단이 없으면 별로 효력이 없다.

죽림칠현
竹林七賢
- **훈음**: 대 **죽**, 수풀 **림**, 일곱 **칠**, 어질 **현**
- **풀이**: 중국 진(晉)나라 초기에 노자와 장자의 무위 사상을 숭상하여 죽림에 모여 청담으로 세월을 보낸 일곱 명의 선비. 곧 산도(山濤), 왕융(王戎), 유영(劉伶), 완적(阮籍), 완함(阮咸), 혜강(嵇康), 향수(向秀)를 이름.
- **쓰임**: 세속적인 것에서 벗어나 깨끗하고 수준 높은 담화 나누기를 즐기는 이들을 竹林七賢 같다고 한다.

중계무역
中繼貿易
- **훈음**: 가운데 **중**, 이을 **계**, 무역할 **무**, 바꿀 **역**
- **풀이**: 외국에서 수입한 물자를 그대로, 또는 약간 가공하여 재수출하는 형태의 무역
- **쓰임**: 항구나 교통이 발달한 지역에서 中繼貿易이 성했다.

한 자 자 격 시 험 4 급

천부 天賦

- **훈음**: 하늘 **천**, 구실 **부**
- **풀이**: 하늘이 줌. 선천적으로 타고남
- **쓰임**: 근대의 시민들은 절대 권력에 대해 天賦 인권을 주장하면서 자유와 권리를 얻으려 투쟁하였다.

축척 縮尺

- **훈음**: 줄어질 **축**, 자 **척**
- **풀이**: 지도나 설계도 따위를 실물보다 작게 그릴 때, 그 축소한 정도
- **쓰임**: 지도는 일정한 縮尺에 따라 만들어지므로, 지도의 두 지점 사이의 실제 거리를 縮尺을 이용하여 구할 수 있다.

편서풍 偏西風

- **훈음**: 치우칠 **편**, 서녘 **서**, 바람 **풍**
- **풀이**: 중위도 지방의 상공을 서쪽에서 동쪽으로 약간 쏠려 부는 바람
- **쓰임**: 우리 나라에서 미국으로 갈 때보다 미국에서 우리 나라로 올 때 偏西風 때문에 시간이 더 많이 걸린다.

한대기후 寒帶氣候

- **훈음**: 찰 **한**, 띠 **대**, 기운 **기**, 물을 **후**
- **풀이**: 가장 기온이 높은 달의 평균 기온이 섭씨10도 이하인 지대의 기후
- **쓰임**: 북극해 연안에는 寒帶氣候가 나타나며, 툰드라가 분포한다.

환곡 還穀

- **훈음**: 돌아올 **환**, 곡식 **곡**
- **풀이**: 조선시대 백성에게 봄에 꾸어 주고 가을에 이자를 붙여 받아들이던 관청의 곡식
- **쓰임**: 세도정치 때 還穀이 실제로는 고리대 구실을 하여 가난한 농민들만 원치 않는 還穀을 떠맡아 높은 이자를 물어야 했다.

4. 역사 지리

www.hanja114.org

교과서 한자어 자세히 알기

훈고학

訓詁學

- **훈음** 가르칠 **훈**, 주낼 **고**, 배울 **학**
- **풀이** 경서의 어려운 낱말이나 어구를 연구하는 학문
- **쓰임** 중국 한나라 때 유학이 발전하면서 경전의 해석에 힘쓰는 訓詁學이 발달하였다.

쉬어가는 페이지

- '手(수)'의 뜻이 무엇이냐고 질문하면 손이라고 대부분 대답할 것이다. 歌手(가수)라고 할 때의 '手'가 손이라면 '노래하는 손'이 가수인 셈이다. 그러나 여기서의 '手'는 손이 아니라 '사람'이라는 뜻이 있기 때문에 '歌手'란 노래하는 손이 아닌 '노래하는 사람'이란 뜻이다. 그런 것이 또 있다. 바둑알을 처음 놓는 것을 '着手(착수)'한다고 한다. 이때도 역시 '手'를 손이라고 풀이하면 붙이는 손이 되는데 뭔가 이상하다. 그래서 이때의 '手'는 계책이나 꾀를 뜻하기 때문에 계책을 펼친다는 의미가 되는 것이다. 한자는 고유의 뜻과 함께 여러 가지의 의미가 있으므로 '字典'을 늘 가까이 하여 새로운 의미를 아는 것도 한자 학습의 지름길이다.

- '賞(상)'은 잘 한 일에 대해서 윗사람이 주는 것으로 알려져 있다. 과거에는 '賞(상)'이란 임금님만이 줄 수 있는 물건이므로 개인적으로는 귀한 것이기에 늘 가까이하고 본다는 의미가 포함되어 있다. 따라서 '봄을 즐기는 것'을 '賞春(상춘)'이라고 하는데 이때의 '賞(상)'은 상을 준다는 뜻이 아니고, 즐긴다는 뜻이므로 '賞春(상춘)'의 의미가 올바로 전달되리라 생각된다.

한 자 자 격 시 험 4 급

 고사성어

비단 금 · 옷 의 · 돌아올 환 · 고향 향

 금의환향

'비단 옷을 입고 고향으로 돌아간다.'는 뜻으로, 출세하여 고향에 돌아가는 경우.

요즈음 우리 나라 축구선수나 야구선수들이 외국에 나가 활약하는 것을 많이 볼 수 있습니다. 이 선수들이 세계무대에서 실력을 인정받은 후 다시 우리 나라로 돌아오는 것을 보고, '금의환향(錦衣還鄕)'이란 표현을 씁니다. 말 그대로는 비단 옷을 입고 고향으로 돌아온다는 말인데, 크게 성공하여 돌아온다는 것입니다.

《사기(史記)》에 보면 초(楚)나라와 한(漢)나라의 전쟁 이야기가 나옵니다. 유방(劉邦)이 먼저 진(秦)나라의 도읍인 함양(咸陽)을 차지하자, 화가 난 항우(項羽)가 대군을 몰고 진격하였습니다. 이때 유방은 순순히 항우에게 함양을 양보하였습니다.

항우는 유방이 살려준 진나라 왕 자영을 죽이고, 아방궁을 불태웠습니다. 궁중의 금은보화를 마구 약탈하고 궁녀들을 겁탈했으며, 시황제(始皇帝)의 묘까지 파헤쳤습니다. 이를 본 진나라 사람들은 유방과 항우를 비교하며 항우에 대한 실망을 금치 못했습니다.

항우는 이제 스스로 망쳐놓은 함양이 마음에 들지 않아 자신의 고향인 팽성(彭城)에 도읍을 정하려 하였습니다. 이때 간의대부(諫議大夫) 한생(韓生)은 함양을 도읍으로 삼아야 천하를 다스릴 수 있다고 간언했습니다. 하지만 항우는 고향으로 가서 자신의 성공을 과시하고 싶은 마음이 앞서 화를 내면서 이렇게 말하였습니다.

"지금 부귀하여 고향에 돌아가지 못하면 비단옷을 입고 밤길을 가는 것과 무엇이 다르겠는가(錦衣夜行)? 그러니 어서 길일(吉日)을 택하여 천도하도록 하라." 그래도 한생이 간언을 그치지 않자, 항우는 그를 기름이 끓는 가마 속에 넣어 죽이고 말았습니다. 훗날 항우는 유방에게 해하(垓下)에서 크게 패함으로써 천하를 넘겨주고 말았습니다. '금의환향(錦衣還鄕)'으로 자신의 공덕을 고향 사람들에게 널리 알리기는 하였지만 천하를 잃고 만 셈입니다.

'금의(錦衣)'는 백성들이 입던 '포의(布衣)'와는 달리 화려하게 수놓은 비단옷이라는 뜻으로, 왕이나 고관들이 입던 출세의 상징과 같은 옷이었습니다. 항우의 말에서 유래한 '금의야행(錦衣夜行)'이란 비단옷을 입고 밤길을 다닌다는 것으로, 출세하여도 남들이 알아주지 않으면 쓸데없다는 뜻이며, '금의환향(錦衣還鄕)'이란 비단옷을 입고 고향에 돌아간다는 뜻으로 출세하여 고향을 찾는 것을 이릅니다.

고사성어와 한자성어

愚 어리석을 우 公 존칭 공 移 옮길 이 山 메 산

 우공이산

'우공이 산을 옮긴다.'는 뜻으로 어떤 일이라도 끊임없이 노력하면 마침내 이룰 수 있다는 뜻.

'장 지오노'라는 작가가 쓴 〈나무를 심은 사람〉이란 작품이 있습니다. 애니메이션으로도 유명한 이 작품은 한 인간의 힘으로 숲을 이루어낸 노인의 이야기를 그리고 있습니다. 노인이 혼자서 묵묵히 도토리를 심은 덕에 40년 뒤에는 거대한 숲이 우거지고, 거칠고 황폐하던 사람들의 생활마저 행복하게 바꾼다는 내용을 담고 있습니다. 단 한 사람이 도토리를 한 알 한 알 심는 꾸준한 노력 끝에 거대한 숲이 이루어진 것입니다. 이를 보고 바로 '우공이산(愚公移山)'이라 할 수 있겠지요.

우공(愚公)이란 사람은 나이가 이미 90에 가까운데 집 앞에 태형(太形)산과 왕옥(王屋)산이 있어 출입이 어려웠습니다. 이에 우공은 이 두 산이 가로막혀 돌아다녀야 하는 불편을 덜고자 자식들과 의논하여 산을 옮기기로 하였습니다. 우공의 아내는 이를 말렸으나 결국 산을 옮기는 일은 시작되었습니다.

그러나 기주(冀州) 남쪽과 하양(河陽) 북쪽에 있던 두 산은 둘레가 700리나 되어, 흙을 발해만(渤海灣)까지 운반하기 위해 한 번 왕복하는 데에 1년이 걸렸습니다. 이것을 본 친구 지수가 웃으며 만류하자 우공은 정색을 하고, "나는 늙었지만 나에게는 자식도 있고 손자도 있네. 그 손자는 또 자식을 낳아 자자손손 한없이 대를 잇겠지만 산은 더 늘어나는 일이 없지 않은가. 그러니 언젠가는 산이 줄어 평평하게 될 날이 오겠지."하고 대답하였습니다.

우공의 대답을 들은 지수는 할 말을 잃었습니다. 그런데 이 말을 들은 산신령이 산을 허무는 인간의 노력이 끝없이 계속될까 겁이 나서 옥황상제에게 이 일을 말려 주도록 호소하였습니다. 이에 옥황상제는 우공의 정성에 감동하여 가장 힘이 센 과아씨의 두 아들을 시켜 산을 하나씩 떼어다가 하나는 삭동(朔東)에 두고 하나는 옹남(雍南)에 두게 하였다고 합니다.

여기서 유래한 '우공이산(愚公移山)'은 우공이 마침내 산을 옮겼듯이 어떤 일이라도 끊임없이 노력하면 반드시 이루어진다는 뜻입니다. '천릿길도 한 걸음부터'라는 우리 속담과도 일맥상통하는 말입니다.

알아두면 유익한 한자성어

 刻 骨 難 忘
새길 각 / 뼈 골 / 어려울 난 / 잊을 망

각골난망
(은혜를 입은 것에 대한 고마운 마음이) 뼈에까지 새겨져 잊혀지지 않는 경우.

克 己 復 禮
이길 극 / 몸 기 / 돌아갈 복 / 예도 례

극기복례
'자신을 이기고 예로 돌아감' 이라는 뜻으로 자신의 지나친 욕심을 누르고 예의범절을 좇음.

累 卵 之 危
포갤 루 / 알 란 / 갈, 어조사 지 / 위태할 위

누란지위
알을 쌓아놓은 것처럼 몹시 위태로운 형세.

背 恩 忘 德
등질 배 / 은혜 은 / 잊을 망 / 덕 덕

배은망덕
'입은 은덕을 잊어버리고 배신함' 이라는 뜻으로 은혜를 모르는 경우를 이름.

4. 역사 지리

단원 마무리 연습문제

♣ 다음 ( )안에 공통으로 들어갈 한자를 〈보기〉에서 골라 쓰세요. (1~7)

보기

務 鄕 達 復 最 遺 滿

1. 到( ), ( )成, ( )觀

2. ( )員, ( )開, 充( )

3. 敎( ), 事( ), 業( )

4. 光( ), ( )位, 回( )

5. ( )産, ( )言, ( )遺書

6. ( )上, ( )下, ( )適

7. ( )村, 故( ), 他( )

♣ 다음 뜻에 해당하는 단어를 〈보기〉에서 골라 한자로 조합하여 쓰세요. (8~13)

보기

敵 後 處 適 報 恩
合 所 退 同 將

8. 은혜를 갚음
( )

9. 적군의 장수
( )

10. 함께 힘을 모음
( )

11. 뒤로 물러섬
( )

12. 사람이 머물러 있는 곳
( )

13. 아주 딱 맞음
( )

♣ 다음 ( )안에 들어갈 적합한 한자어를 바르게 쓴 것을 고르세요. (14~20)

14. 아산만에서 대규모의 ( ) 사업이 이루어졌다.
① 干尺 ② 干戚 ③ 干尺 ④ 干拓

15. ( ) 작물을 대량으로 재배하는 플랜테이션이 동남아시아에서 발달하였다.
① 嗜好 ② 旗號 ③ 記號 ④ 畿湖

16. 석유의 ( ) 연수는 40년 정도이고 천연 가스는 60년 정도라 한다.
① 加採 ② 可採 ③ 家債 ④ 可債

17. 중세 유럽의 사회 제도는 ( ) 제도였다.
① 封建 ② 奉件 ③ 封件 ④ 奉巾

18. ( ) 정치 초기에는 ( ) 간에 견제와 비판이 용인되어 건전한 정치가 이루어졌다.
① 崩當 ② 朋黨 ③ 朋堂 ④ 崩堂

19. 부여에는 ( )과 껴묻거리를 묻는 장례 관습이 있었다.
① 巡將 ② 旬葬 ③ 殉葬 ④ 盾仗

20. 중세는 ( )을 중심으로 경제 활동이 이루어졌다.
   ① 莊園   ② 壯元   ③ 長圓   ④ 長遠

♣ 다음 질문에 적합한 한자를 〈보기〉중에서 골라 쓰세요. (20~30)

보기

續 鄕 滿 弓 取 停 練 徒 舊

21. 久와 음이 같은 한자는?
   (   )

22. 新과 반대의 뜻을 지닌 한자는?
   (   )

23. 衆과 의미가 유사한 한자는?
   (   )

24. 習과 의미가 유사한 한자는?
   (   )

25. 承과 의미가 유사한 한자는?
   (   )

26. 村과 의미가 유사한 한자는?
   (   )

27. 止와 의미가 유사한 한자는?
   (   )

28. 空과 반대의 의미를 지닌 한자는?
   (   )

29. 持와 유사한 의미를 지닌 한자는?
   (   )

30. 的과 관련이 깊은 한자는?
   (   )

정답

1. 達	2. 滿	3. 務	4. 復	5. 遺	6. 最	7. 鄕	8. 報恩
9. 敵將	10. 合同	11. 後退	12. 處所	13. 適合	14. ④	15. ①	16. ②
17. ①	18. ②	19. ③	20. ①	21. 舊	22. 舊	23. 徒	24. 練
25. 續	26. 鄕	27. 停	28. 滿	29. 取	30. 弓		

5 나와 우리

5-1. 선정 한자 익히기

5-2. 교과서 한자어 자세히 알기

5-3. 알아두면 유익한 한자성어

5-4. 단원 마무리 연습문제

| 학습의 주안점 |

이 단원에서는 공동체 생활과 관련 있는 한자들을 공부하게 됩니다.
공동체 생활과 관련이 깊은 한자들을 읽고 쓰며, 그 뜻을 정확히 알도록
노력하고 민주적 생활 태도가 무엇인지 함께 생각해 보도록 합시다.

www.hanja114.org

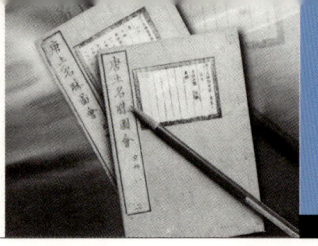

 새로 익힐 선정 한자

街	거리	가	婦	지어미, 며느리	부	井	우물	정
看	볼	간	絲	실	사	精	정기	정
擧	들	거	舍	집	사	朱	붉을	주
及	미칠	급	鮮	고울	선	着	붙을	착
其	그	기	細	가늘	세	治	다스릴	치
乃	이에	내	笑	웃음	소	針	바늘, 침	침
端	바를	단	松	소나무	송	判	판단할	판
得	얻을	득	辛	매울	신	片	조각	편
燈	등잔	등	浴	목욕할	욕	暴	사나울	포
旅	나그네	려	容	얼굴	용	戶	지게문	호
飯	밥	반	遇	만날	우	興	일어날	흥
房	방	방	偉	클	위	希	바랄	희
拜	절	배	乙	새	을			
丙	남녘	병	印	도장	인			

 교과서에 나오는 한자어

가치	價値	배려	配慮	존엄	尊嚴
공경	恭敬	배타주의	排他主義	지구촌	地球村
공연	公演	산책	散策	지조	志操
검소	儉素	상식	常識	질서	秩序
게시판	揭示板	실천	實踐	청렴	淸廉
관용	寬容	여가	餘暇	체조	體操
근면	勤勉	련대	連帶	추억	追憶
긍지	矜持	예견	豫見	취향	趣向
나태	懶怠	유대	紐帶	타협	妥協
다원사회	多元社會	자비	慈悲	혈연	血緣
방종	放縱	전도	顚倒	효율	效率

선정 한자 익히기

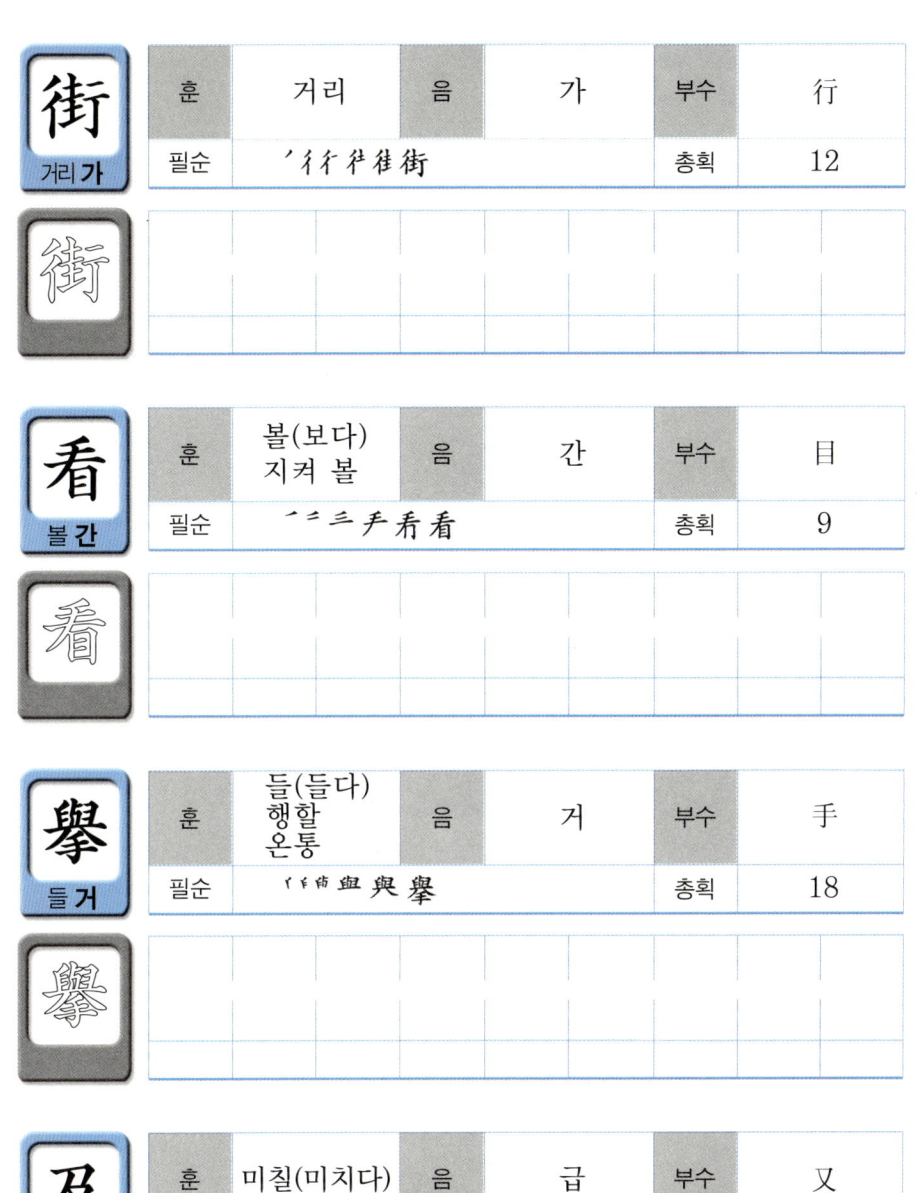

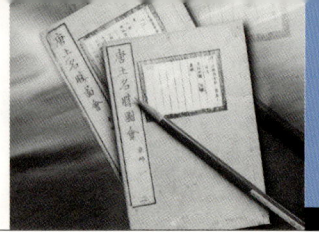

한 자 자 격 시 험 4 급

乃 (이에 내)

도움말 숨을 제대로 쉬지 못하여 답답한 가슴의 모양을 본뜬 글자로, 말이 술술 이어지지 않는다 하여 '곧, 이에' 등의 접속사로 쓰인다.

용례 人乃天(인내천) 乃至(내지)

	훈	이에	음	내	부수	丿
	필순	乃乃			총획	2

端 (바를 단)

도움말 '立'(설 립)과 '耑'(끝 단)을 더한 글자로, 서 있는 초목의 끝에서 싹이 돋아난다는 데서 '실마리, 바르다'의 뜻을 지닌다.

용례 端緖(단서) 端正(단정) 末端(말단) 下端(하단)

	훈	바를(바르다) 끝 실마리	음	단	부수	立
	필순	亠立丷耑耑端端			총획	14

得 (얻을 득)

도움말 '彳'(자축거릴 척)과 '貝'(조개 패), '寸'(마디 촌)을 더한 글자로, 아침에 걸어가서 재물을 손에 얻는다는 데서 '얻다'의 뜻을 지닌다.

용례 得失(득실) 所得(소득) 利得(이득) 拾得(습득)

	훈	얻을 깨달을	음	득	부수	彳
	필순	彳彳彳得得得			총획	11

燈 (등잔 등)

도움말 '火'(불 화)와 '登'(오를 등)을 더한 글자로, 등에 불을 켠다는 데서 '등잔'의 뜻을 지닌다.

용례 燈盞(등잔) 電燈(전등) 點燈(점등)

	훈	등잔	음	등	부수	火
	필순	火炉炉炤燈燈			총획	16

旅 (나그네 려)

도움말 '㫃'(깃발 언)과 '从'(-획변형-따를 종)을 더한 글자로, 깃발 아래 여러 사람이 모여 있는 뜻에서 군대는 이동을 한다는 데서 '여행'의 뜻을 지닌다.

용례 旅行(여행) 旅館(여관) 旅費(여비)

	훈	나그네 무리	음	려	부수	方
	필순	亠方方方 旅旅			총획	10

5. 나와 우리

선정 한자 익히기

훈	밥 먹일 기를	음	반	부수	食
필순	ノ ヘ 今 今 食 食 飯			총획	13

도움말
'食'(밥 식)과 '反'(돌이킬 반)을 더한 글자로, 밥을 먹을 때 숟가락이 밥그릇을 갔다가 입으로 돌아온다는 데서 '밥'의 뜻을 지닌다.

용례
飯饌(반찬) 白飯(백반)

훈	방 별이름	음	방	부수	戶
필순	` ユ 戶 戶 房 房			총획	8

도움말
'戶'(집 호)와 '方'(모 방)을 더한 글자로, 집의 한쪽에 연결되어 있는 방을 뜻한다.

용례
房門(방문) 廚房(주방)
冊房(책방)

훈	절	음	배	부수	手
필순	ノ ノ 三 手 手 拜 拜			총획	9

도움말
'手'(손 수)를 두 개 더한 글자로, 두 손을 모으고 절을 한다는 데서 '절'을 뜻한다.

용례
拜上(배상) 歲拜(세배)
禮拜(예배)

훈	남녘 밝을	음	병	부수	一
필순	一 一 丙 丙 丙			총획	5

도움말
제물을 차리는 제사상 위에 불을 켜놓은 모양을 본뜬 글자로, '밝다, 남녘'의 뜻을 지닌다.

용례
丙子胡亂(병자호란)

훈	지어미 며느리 아내	음	부	부수	女
필순	く 女 女 婦 婦			총획	11

도움말
'女'(여자 녀)와 '帚'(비 추)를 더한 글자로, 비를 들고 집을 청소하는 여자라는 데서 '아내, 며느리'의 뜻을 지닌다.

용례
夫婦(부부) 婦人(부인)
新婦(신부) 孝婦(효부)

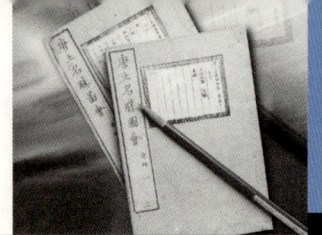

한자자격시험 4급

도움말
'糸'(가는실 멱)을 두 개 더한 글자로, 실을 감아 놓은 실타래가 겹쳐진 모양을 뜻하여 '실'의 뜻을 지닌다.

용례
綿絲(면사) 合絲(합사)

훈	실	음	사	부수	糸
필순	ㄴ 幺 幺 糹 絲 絲			총획	12

도움말
'人'(사람 인)과 '舌'(혀 설)을 더한 글자로, 사람이 사는 집이라는 데서 '집'의 뜻을 지닌다.

용례
舍宅(사택) 官舍(관사)

훈	집	음	사	부수	舌
필순	ノ 人 ㅅ 亼 全 舍			총획	8

도움말
'魚'(물고기 어)와 '羊'(양 양)을 더한 글자로, 좋은 고기는 신선하고 곱다는 데서 '곱다'의 뜻을 지닌다.

용례
鮮明(선명) 新鮮(신선)
朝鮮(조선)

훈	고울(곱다) 예쁠 드물	음	선	부수	魚
필순	ノ 2 台 伯 鮮 鮮			총획	17

도움말
'糸'(실 사)와 '田'(밭 전)을 더한 글자로, 뽕밭의 누에에서 가느다란 실이 나온다는 데서 '가늘다'의 뜻을 지닌다.

용례
細密(세밀) 細心(세심)
微細(미세) 纖細(섬세)

훈	가늘 자세할	음	세	부수	糸
필순	ㄴ 幺 糹 絎 細 細			총획	11

도움말
'竹'(대나무 죽)과 '夭'(굽을 요)를 더한 글자로, 대나무가 바람에 흔들리는 모습이 마치 사람이 웃는 모습과 닮았다는 데서 '웃다'의 뜻을 지닌다.

용례
談笑(담소) 冷笑(냉소)
微笑(미소) 爆笑(폭소)

훈	웃을	음	소	부수	竹
필순	ノ ㅅ 竹 竺 竺 笑			총획	10

5. 나와 우리

선정 한자 익히기

훈	소나무	음	송	부수	木
필순	一 十 木 朴 杦 松 松			총획	8

도움말
'木'(나무 목)과 '公'(공변될 공)이 더해진 글자로, 나무 중에 사계절 잎이 푸르고 널리 쓰이는 소나무를 뜻한다.

용례
松柏(송백) 松津(송진)
老松(노송)

훈	매울(맵다) 괴로울	음	신	부수	辛
필순	丶 亠 立 辛 辛			총획	7

도움말
옛날 죄인의 이마에 문신을 할 때 사용하던 침의 모양을 본뜬 글자. 벌이 혹독하다 하여 '맵다'의 뜻으로 쓰인다.

용례
辛苦(신고) 辛辣(신랄)

훈	목욕할	음	욕	부수	水(氵)
필순	丶 氵 浐 浴 浴			총획	10

도움말
'水'(물 수)와 '谷'(골짜기 곡)을 더한 글자로, 옛날 골짜기의 물로 목욕을 했다는 데서 '목욕하다'의 뜻을 지닌다.

용례
浴室(욕실) 沐浴(목욕)

훈	얼굴 담을 용서할	음	용	부수	宀
필순	宀 宂 宓 容			총획	10

도움말
'宀'(집 면)과 '谷'(골 곡)을 더한 글자로, 골짜기 같이 넓은 집처럼 관대한 사람의 용모라는 데서 '얼굴'의 뜻을 지닌다.

용례
容貌(용모) 美容(미용)
許容(허용)

훈	만날 대접할	음	우	부수	辶
필순	冂 冃 禺 遇			총획	13

도움말
'禺'(偶-뜻밖에 우-획줄임)와 '辶'(쉬엄쉬엄갈 착)을 더한 글자로, 길을 가다 뜻밖의 사람을 만난다는 데서 '만나다'의 뜻을 지닌다.

용례
待遇(대우) 禮遇(예우)

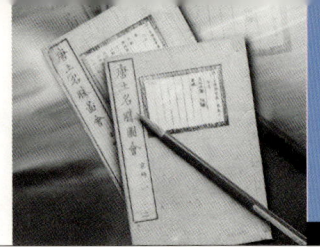

偉

훈	클(크다) 훌륭할	음	위	부수	人(亻)
필순	亻亻ᅡ偉偉偉偉			총획	11

도움말
'人'(사람 인)과 '韋'(어긋날 위)를 더한 글자로, 보통 사람과 달리 훌륭한 사람이라는 데서 '크다'의 뜻을 지닌다.

용례
偉大(위대) 偉人(위인)

乙

훈	새	음	을	부수	乙
필순	乙			총획	1

도움말
새의 모양을 본뜬 글자.

용례
甲乙(갑을)

印

훈	도장 찍을	음	인	부수	卩
필순	´ᅡᅠᅡ匚티印			총획	6

도움말
'爪'(손톱 조-변형)와 '卩'(병부 절)을 더한 글자로, 정사를 맡은 사람이 그 도장을 찍는다는 데서 '도장'의 뜻을 지닌다.

용례
印朱(인주) 印象(인상)
職印(직인)

井

훈	우물 취락	음	정	부수	二
필순	一 二 井 井			총획	4

도움말
우물의 모양을 본뜬 글자.

용례
井華水(정화수)
坐井觀天(좌정관천)

精

훈	정기 찧을 날랠	음	정	부수	米
필순	ˇᅡ半米精精精			총획	14

도움말
'米'(쌀 미)와 '靑'(푸를 청)을 더한 글자로, 쌀알이 푸른빛이 나도록 깨끗하다는 데서 '깨끗하다'의 뜻을 지니며, 나아가 '정기'의 뜻을 지닌다.

용례
精誠(정성) 精華(정화)
受精(수정)

선정 한자 익히기

朱 (붉을 주)

훈	붉을	음	주	부수	木
필순	ノ 二 干 牛 朱 朱			총획	6

도움말
'未'(아닐 미)와 'ノ'(삐칠 별)을 더한 글자로, 소나무의 중간쯤에 나 있는 고갱이가 붉다는 데서 '붉다'의 뜻을 지닌다.

용례
朱丹(주단) 朱紅(주홍)
朱黃(주황) 印朱(인주)

着 (붙을 착)

훈	붙을 시작할	음	착	부수	羊
필순	ソ ソ 쓴 羊 着 着			총획	12

도움말
'羊'(양 양)과 '目'(눈 목)을 더한 글자로, 원뜻은 젓가락(箸)의 뜻으로 젓가락이 음식에 닿는다 하여 '붙다'의 뜻을 지닌다.

용례
着席(착석) 着用(착용)
接着(접착) 密着(밀착)

治 (다스릴 치)

훈	다스릴 병고칠	음	치	부수	水(氵)
필순	丶 氵 氵 汋 治			총획	8

도움말
'水'(물 수)와 '台'(다스릴 이)를 더한 글자로, 홍수의 피해가 없도록 사람들을 잘 다스려야 한다는 데서 '다스리다'의 뜻을 지닌다.

용례
治安(치안) 治下(치하)
完治(완치) 法治(법치)

針 (바늘 침)

훈	바늘 침	음	침	부수	金
필순	ノ 스 午 余 金 針			총획	10

도움말
'金'(쇠 금)과 '十'(열 십)을 더한 글자로, 쇠로 만든 것을 열 손가락으로 쓴다는 데서 '바늘'을 뜻한다.

용례
針葉樹(침엽수) 分針(분침)
時針(시침)

判 (판단할 판)

훈	판단할	음	판	부수	刀(刂)
필순	ソ ヽ 누 부 判 判			총획	7

도움말
'半'(반 반)과 '刀'(칼 도)를 더한 글자로, 물건을 칼로 절반으로 가르듯이 모든 일의 시비를 정확히 가려낸다는 데서 '판단하다'의 뜻을 지닌다.

용례
判明(판명) 判斷(판단)
決判(결판) 審判(심판)

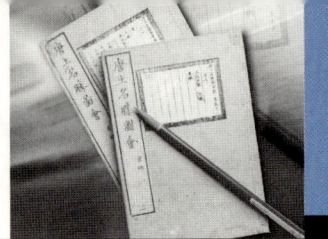

한 자 자 격 시 험 4 급

도움말
나무의 가운데를 자른 한 조각의 모양을 본뜬 글자.

용례
斷片(단편) 破片(파편)
一片丹心(일편단심)

훈	조각 한쪽	음	편	부수	片
필순	ノ丿𠂉片			총획	4

도움말
'日'(해 일)과 '出'(나갈 출-변형), '米'(쌀 미)를 더한 글자로, 쌀을 햇볕에 쬐기 위해 내민다는 데서 '드러내다'의 뜻을 지니며, 나아가 '사납다'의 뜻을 지닌다.

용례
暴惡(포악) 暴露(폭로)
暴雨(폭우) 亂暴(난폭)

훈	① 사나울 ② 드러낼	음	① 포 ② 폭	부수	日
필순	日旦昦昦暴暴			총획	15

도움말
지게문을 본뜬 글자.

용례
戶數(호수) 戶口(호구)
戶主(호주) 窓戶(창호)

훈	지게문 집	음	호	부수	戶
필순	丶㇉ㄱ戶			총획	4

도움말
'舁'(마주들 여)와 '同'(한가지 동)을 더한 글자로, 힘을 합하여 성하게 한다는 데서 '일어나다'의 뜻을 지닌다.

용례
興味(흥미) 興亡(흥망)
復興(부흥) 振興(진흥)

훈	일어날 좋아할	음	흥	부수	臼
필순	⺊𦥑冂同興興			총획	16

도움말
'爻'(사귈 효)와 '巾'(수건 건)을 더한 글자로, 무늬가 있는 천은 누구나 갖고 싶어한다는 데서 '바라다'의 뜻을 지닌다.

용례
希望(희망) 希求(희구)

훈	바랄	음	희	부수	巾
필순	丿㐅㇒产希希			총획	7

교과서 한자어 자세히 알기

가치 價值
- **훈음**: 값 **가**, 값, 만날 **치**
- **풀이**: 어떤 사물이 지니고 있는 의의와 중요성. 값어치
- **쓰임**: 삶의 방식은 추구하는 價值와 관련된다.

공경 恭敬
- **훈음**: 공손 **공**, 공경할 **경**
- **풀이**: 남을 대할 때 몸가짐을 공손히 하고 존경함
- **쓰임**: 사람과 사람 사이의 예절은 상대방을 서로 恭敬하는 데에 있다.

공연 公演
- **훈음**: 공변될 **공**, 펼, 멀리흐를 **연**
- **풀이**: 연극·음악·무용 등을 공개된 자리에서 해 보임
- **쓰임**: 그 公演은 평생 잊을 수 없을 만큼 감동적이었다.

검소 儉素
- **훈음**: 검소할 **검**, 흴 **소**
- **풀이**: 꾸밈이 없이 수수함
- **쓰임**: 경기가 어려울 때는 적절한 소비와 儉素한 생활이 필요하다.

게시판 揭示板
- **훈음**: 높이들 **게**, 보일 **시**, 판 **판**
- **풀이**: 여러 사람에게 알리는 글, 그림, 사진 등을 내걸어 보게 하는 판
- **쓰임**: 잘못된 정책을 바로잡기 위해 인터넷 揭示板에 비판이나 제안을 하는 것도 시민이 정치에 참여하는 한 방법이다.

한자자격시험 4급

관용 寬容
- **훈음**: 너그러울 **관**, 얼굴 **용**
- **풀이**: 남이 잘못을 저질렀을 때 그것을 너그럽게 용서하거나, 자신과 의견을 달리하는 사람들을 너그럽게 받아들이는 것
- **쓰임**: 민주 시민은 寬容의 태도를 가져야 한다.

근면 勤勉
- **훈음**: 부지런할 **근**, 힘쓸 **면**
- **풀이**: 아주 부지런함
- **쓰임**: 勤勉은 태만, 부도덕 그리고 가난이라는 세 개의 큰 악을 제거한다.

긍지 矜持
- **훈음**: 자랑할 **긍**, 가질 **지**
- **풀이**: 자신의 재능이나 능력 따위를 믿음으로써 가지는 자랑
- **쓰임**: 대한민국 국민으로서의 矜持를 지니고 살고 싶다.

나태 懶怠
- **훈음**: 게으를 **라**, 게으를 **태**
- **풀이**: 게으르고 느림
- **쓰임**: 역사 속에서 懶怠, 사치와 낭비를 일삼아 후진국으로 전락하게 된 나라를 많이 볼 수 있다.

다원사회 多元社會
- **훈음**: 많을 **다**, 으뜸 **원**, 모일 **사**, 모일 **회**
- **풀이**: 개인이나 여러 집단이 기본으로 삼는 원칙이나 목적이 서로 다를 수 있음을 인정하는 사회
- **쓰임**: 민주 시민 사회는 인간의 능력을 믿고 각자의 개성을 존중하는 多元社會로 나타난다.

5. 나와 우리

교과서 한자어 자세히 알기

방종 — 放縱
- **훈음**: 놓을 **방**, 늘어질 **종**
- **풀이**: 규범이나 규율을 무시하거나 절제함이 없이 제멋대로 행동하는 상태에 있는 것
- **쓰임**: 책임이 따르지 않는 자유는 放縱이고 무질서이다.

배려 — 配慮
- **훈음**: 짝 **배**, 생각할 **려**
- **풀이**: 여러모로 자상하게 마음을 씀
- **쓰임**: 더 좋은 사회는 서로가 서로를 존중하고 상대방을 配慮함으로써 만들어질 수 있다.

배타주의 — 排他主義
- **훈음**: 물리칠, 밀칠 **배**, 다를 **타**, 주인 **주**, 뜻 **의**
- **풀이**: 다른 사람이나 다른 사상·생각 따위를 배척하여 받아들이려 하지 않는 사상 경향
- **쓰임**: 민족 문화의 전통을 계승하는 것이 排他主義는 아니다.

산책 — 散策
- **훈음**: 흩을 **산**, 채찍 **책**
- **풀이**: 가벼운 기분으로 이리저리 걷는 것
- **쓰임**: 그는 마음이 어지러울 때면 散策을 했다.

상식 — 常識
- **훈음**: 항상 **상**, 알 **식**
- **풀이**: 보통 사람이 가지고 있을 일반적인 지식이나 판단력
- **쓰임**: 常識이 통하는 사회가 올바른 사회다.

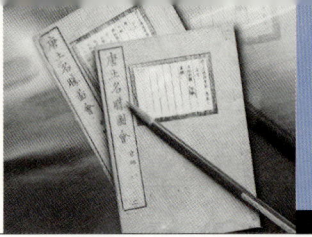

한 자 자 격 시 험 4 급

실천 實踐

- **훈음** 열매 **실**, 밟을 **천**
- **풀이** 실제로 행함
- **쓰임** 환경 운동은 말로만 하는 것이 아니라, 몸소 實踐하는 것이 중요하다.

여가 餘暇

- **훈음** 남을 **여**, 겨를 **가**
- **풀이** 직장 생활과 공부로부터 벗어난 자유로운 시간
- **쓰임** 餘暇 시간에는 취미 생활을 즐기면 좋다.

연대 連帶

- **훈음** 잇닿을 **련**, 띠 **대**
- **풀이** 두 사람 이상이 함께 무슨 일을 하거나 책임을 지는 일
- **쓰임** 16대 국회의원 선거 당시 시민단체들이 '총선 시민 連帶'를 만들어 낙선운동을 벌였다.

예견 豫見

- **훈음** 미리 **예**, 볼 **견**
- **풀이** 일이 있기 전에 미리 앎
- **쓰임** 미래에 대한 豫見은 미신적인 예언과는 다르다.

유대 紐帶

- **훈음** 맬, 끈 **뉴**, 띠 **대**
- **풀이** 끈과 띠라는 뜻으로, 둘 이상을 서로 연결하거나 결합하게 하는 것
- **쓰임** 건강한 가정은 가족간의 紐帶가 긴밀한 가정이다.

124　5. 나와 우리

교과서 한자어 자세히 알기

자비 慈悲
- 훈음: 사랑 **자**, 슬플 **비**
- 풀이: 사랑하고 가엽게 여기는 마음
- 쓰임: 불교에서는 慈悲를 강조한다.

전도 顚倒
- 훈음: 넘어질 **전**, 넘어질 **도**
- 풀이: 거꾸로 됨
- 쓰임: 가치가 顚倒되어 있는 상태에서는 무엇이 옳고 그른지 알 수가 없다.

존엄 尊嚴
- 훈음: 높을 **존**, 엄할 **엄**
- 풀이: 높고 엄숙함
- 쓰임: 인간은 누구든지 尊嚴하다.

지구촌 地球村
- 훈음: 땅 **지**, 공 **구**, 마을 **촌**
- 풀이: 지구 마을. 세계 여러 나라가 한 마을처럼 서로 잘 알고 서로 도우며 살아야 한다는 데서 붙여진 이름
- 쓰임: 교통·통신의 발달이 地球村을 만드는 데 큰 역할을 했다.

지조 志操
- 훈음: 뜻 **지**, 잡을 **조**
- 풀이: 곧은 뜻과 굳은 마음
- 쓰임: 우리 민족은 예로부터 의리와 志操를 중히 여겼다.

질서 秩序
- **훈음**: 차례 **질**, 차례 **서**
- **풀이**: 사물 또는 사회가 올바른 생태를 유지하기 위하여 지켜야 할 일정한 차례나 규칙
- **쓰임**: 인간은 생태계의 秩序를 깨뜨리지 않는 한도 내에서 숲을 이용해야 한다.

청렴 淸廉
- **훈음**: 맑을 **청**, 청렴할 **렴**
- **풀이**: 마음이 고결하고 재물 욕심이 없음
- **쓰임**: 개인적 이익을 생각하지 않고 공평하게 일을 처리해야 하는 공직자는 더욱 淸廉해야 한다.

체조 體操
- **훈음**: 몸 **체**, 잡을 **조**
- **풀이**: 신체의 이상적 발달을 꾀하고 신체의 결함을 교정 또는 보충시켜 주기 위해서 행하는 조직화된 운동
- **쓰임**: 운동을 시작하기 전에 준비 體操를 해야 한다.

추억 追憶
- **훈음**: 쫓을 **추**, 생각 **억**
- **풀이**: 지나간 일을 돌이켜 생각함
- **쓰임**: 追憶조차 없으면 인생이 너무 쓸쓸하다.

취향 趣向
- **훈음**: 취미 **취**, 향할 **향**
- **풀이**: 하고 싶은 마음이 쏠리는 방향
- **쓰임**: 사람마다 옷이나 음식에 대한 趣向이 다르다.

교과서 한자어 자세히 알기

타협 妥協
- 훈음: 평온할 **타**, 도울 **협**
- 풀이: 두 편이 서로 좋도록 알맞게 조화시켜 협의함
- 쓰임: 서로 의견이 다를 때 상대방과 대화와 妥協을 통해 해결하는 태도가 민주적인 생활방식이다.

혈연 血緣
- 훈음: 피 **혈**, 인연 **연**
- 풀이: 같은 핏줄로 이어진 인연
- 쓰임: 血緣이나 지연, 학연보다는 능력으로 대우받을 수 있는 사회가 건전하다.

효율 效率
- 훈음: 본받을 **효**, 헤아릴 **률**
- 풀이: 기계가 한 일의 양과 소모된 에너지의 비율. 노력에 대하여 얻어진 결과의 정도
- 쓰임: 자신이 선택한 직업을 效率적으로 수행하기 위해 어느 정도의 교육을 어느 정도의 수준의 받을 것인가를 선택하는 것이 진학 선택이다.

쉬어가는 페이지

● '辛(신)'은 '맵다'는 뜻으로 알고 있다. 그러나 원래의 辛의 의미는 노예나 죄인의 얼굴이나 팔에 문신을 새기기 위한 끝이 뾰족한 도구였다. 그 도구로 문신을 하므로 '아프다'라는 의미를 지녔으나, '맵다' 또는 '어렵다'는 뜻으로 바뀌어 쓰고 있다. '辛'이 들어간 글자는 노예라는 의미도 포함되어 있다.

한 자 자 격 시 험 4 급

 고사성어

 신언서판

중국 당나라 때 관리를 등용하는 기준으로 삼았던 '몸·말씨·글씨·판단력'의 네 가지를 이르는 말.

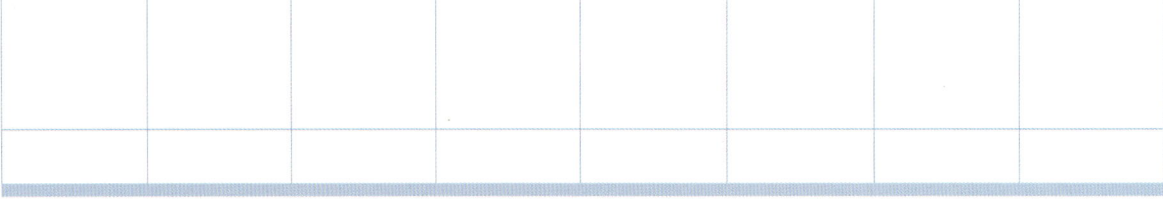

　　중국 당나라 때는 관리를 등용할 때, 1차 시험에 합격하면 '신언서판(身言書判)'의 기준을 적용하여 인재를 등용했다고 합니다. 용모, 말씨, 글씨, 판단의 네 가지 기준을 종합적으로 고려한 것이지요.

　　'신(身)'이란 사람의 풍채와 용모를 뜻하는 것으로 요즘 말로 하면 첫인상, 이미지라 할 수 있습니다. 이는 사람을 처음 대했을 때 첫째 평가기준이 되는 것인데, 당시에 아무리 신분이 높고 재주가 뛰어난 사람이라도 첫눈에 풍채와 용모가 뛰어나지 못했을 경우, 정당한 평가를 받지 못하게 되기 쉬웠다고 합니다.

　　'언(言)'이란 사람의 말씨를 이르는 말입니다. 아무리 뜻이 깊고 아는 것이 많은 사람이라도 말에 조리가 없고, 말이 분명하지 못했을 경우, 정당한 평가를 받지 못하게 되기 쉽습니다. 특히 말은 그 사람의 생각과 감정을 드러내는 도구인 바, 말씨는 반듯하고 논리가 분명해야 했습니다.

　　'서(書)'는 글씨체를 가리키는 말인데, 글씨는 마음의 표현이라고 하여 글씨 쓴 사람의 도덕성까지 판단할 수 있다고 하였습니다. 그래서 인물을 평가하는데 글씨는 매우 큰 비중을 차지하였으며, 글씨에 능하지 못한 사람은 그만큼 평가도 받지 못한 데서 '서(書)'에서는 옛 법을 따르면서도 아름다울 것이 요구되었습니다.

　　'판(判)'이란 사람의 문리(文理), 곧 사물의 이치를 깨달아 아는 판단력을 뜻하는 말입니다. 사람이 아무리 외모가 뛰어나고, 말을 잘하고, 글씨에 능해도 사물의 이치를 깨달아 아는 능력이 없으면, 그 인물됨이 출중할 수 없다 하여 문리가 뛰어날 것이 요구되었습니다.

　　오늘날에도 입시나 취업을 위한 면접에서 '신언서판'이라는 기준이 적용되는 경우가 있습니다. 인재를 뽑는 과정에서 그 사람의 외모나 학벌만 지나치게 중시하여 본다면 문제가 될 수 있으나 자신감 넘치는 모습, 논리 정연하면서도 바른 말씨, 자신의 일을 소신 있게 진행할 수 있는 추진력이나 정확한 판단력 등을 지니고 있는가는 분명 고려해야 할 조건일 것입니다.

　　특히 자신의 공적인 약속이나 언행에 반드시 책임을 져야 할 지도자 자리에 있는 사람은 자신이 '신언서판'의 자질을 얼마나 갖추고 있는가 살펴보아야 할 것입니다.

고사성어와 한자성어

咸 다 함　興 일어날 흥　差 부릴 차　使 부릴 사

함흥차사

'함흥의 차사'라는 뜻으로 심부름을 간 사람이 소식이 없거나 또는 회답이 매우 더디게 오는 경우.

한 번 간 뒤 소식이 없거나, 돌아오지 않는 사람을 일컬어 '함흥차사(咸興差使)'라 합니다. 함흥이라는 지방에 차사(왕이 중요한 임무를 위하여 특별히 차출하여 파견하는 관리)로 갔다는 이야기인데 조선을 건국한 태조 이성계에서 유래한 고사성어입니다.

조선 태조 이성계에게는 8명의 아들이 있었습니다. 이성계는 계비의 아들인 방석을 자신의 후계자로 삼고자 세자로 책봉하였습니다. 그러자 정비 소생인 방원이 불만을 품고 왕자의 난을 일으켜 방번과 방석을 죽였습니다. 방원은 그의 스승이며 개국 공신인 정도전 역시 죽이고 방과를 세자로 앉혔다가, 2년 뒤 방원 스스로 왕위에 올라 태종이 되었습니다.

왕자들이 두 번이나 끔찍한 살육전을 벌이자 이성계는 크게 분노하여 방원과 인연을 끊고 옥새를 가지고 고향인 함흥으로 돌아갔습니다. 이에 방원은 아버지로부터 정식으로 인정받지 못하여 마음으로 크게 걱정하다가, 함흥으로 차사를 보내어 태조 대왕을 한양으로 다시 모셔 오기로 했습니다.

방원은 곧 차사를 뽑아 함흥으로 보냈으나 함흥에 간 차사는 돌아오지 않았습니다. 이는 왕자의 난을 일으킨 방원에게 울분을 느낀 태조 이성계가 함흥에 온 차사를 죽이거나 잡아 가두고 보내지 않았기 때문이었습니다. 후에 방원은 아버지 이성계와 친분이 깊었던 사람들을 다시 차사로 하여 함흥으로 보냈지만 아버지를 모셔오지는 못했습니다.

그러던 것이 1402년 12월, 무학대사를 함흥으로 보내어 간청하자, 이성계는 비로소 한양으로 돌아왔고 아들 방원에게 옥새를 물려주었다고 합니다.

이런 일이 있은 뒤부터 함흥에 갔던 차사들이 돌아오지 않았던 것처럼, 한번 간 뒤 소식도 없고 돌아오지 않는 사람을 가리켜 '함흥차사(咸興差使)'라는 말을 쓰게 되었습니다.

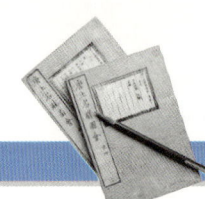

한자자격시험 4급

알아두면 유익한 한자성어

十匙一飯
열 **십** / 숟가락 **시** / 하나 **일** / 밥 **반**

십시일반
'열 술이면 한 그릇의 밥'이라는 뜻으로, 여러 사람이 힘을 합하면 한 사람쯤은 구제하기 쉽다는 말.

藥房甘草
약 **약** / 방 **방** / 달 **감** / 풀 **초**

약방감초
'약방의 감초'라는 뜻으로, 모든 한약에 감초가 들어간다는 데에서 어떤 일에나 빠지지 않고 끼는 사람.

一擧兩得
하나 **일** / 들 **거** / 두 **량** / 얻을 **득**

일거양득 = 一石二鳥(일석이조)
'하나를 들어서 둘을 얻다.'라는 뜻으로, 한 가지 일로 두 가지의 이익을 얻는 경우.

頂門一針
정수리 **정** / 문 **문** / 하나 **일** / 바늘 **침**

정문일침 = 頂門一鍼(정문일침)
'정수리에 한 대의 침을 놓는다.'는 뜻으로, 남의 잘못을 따끔하게 충고하거나 비판하는 경우.

단원 마무리 연습문제

♣ 다음 ( )안에 공통으로 들어갈 한자를 〈보기〉에서 골라 쓰세요. (1~8)

보기
判 着 偉 房 興 細 得 暴

1. 所( ), ( )失, ( )勢
2. ( )亡, ( )國
3. ( )惡, 凶( )
4. ( )決, 決( ), ( )定
5. 密( ), 到( ), ( )地
6. ( )大, ( )人, ( )力
7. ( )雨, 極( ), ( )密
8. 册( ), ( )門

♣ 다음 뜻에 해당하는 단어를 〈보기〉에서 골라 한자로 조합하여 쓰세요. (9~13)

보기
燈　旅　大　松　治
國　葉　笑　行　火

9. 등불
　　　　　(　　　　　　)

10. 견문을 넓히기 위해 돌아다님
　　　　　(　　　　　　)

11. 크게 웃음
　　　　　(　　　　　　)

12. 소나무 잎
　　　　　(　　　　　　)

13. 나라를 다스림
　　　　　(　　　　　　)

♣ 다음 ( )안에 들어갈 적합한 한자어를 바르게 쓴 것을 고르세요. (14~21)

14. 그 ( )은 평생 잊을 수 없을 만큼 감동적이었다.
　①共演　②公演　③公然　④空然

15. 인터넷 ( )판에 글을 올릴 때에는 예절을 지켜야 한다.
　① 偈時　② 偈詩　③ 揭示　④ 偈視

16. 민주 시민은 ( )의 태도를 가져야 한다.
　① 官用　② 慣用　③ 觀用　④ 寬容

17. 한민족으로서의 ( )를 지니고 살고 싶다.
　① 矜持　② 肯志　③ 矜之　④ 矜志

18. 책임이 따르지 않는 자유는 ( )이고 무질서이다.
　① 傍腫　② 方宗　③ 放縱　④ 放從

19. 칸트는 늘 일정한 시간에 ( )을 했다.
　① 山策　② 散策　③ 汕册　④ 山册

20. 가치가 ( )되어 있는 상태에서는 무엇이 옳고 그른지 알 수가 없다.
① 全圖   ② 前渡   ③ 顚倒   ④ 傳道

21. 운동을 시작하기 전에 준비 ( )를 해야 한다.
① 體趙   ② 體造   ③ 體朝   ④ 體操

♣ 다음 질문에 적합한 한자를 〈보기〉에서 골라 쓰세요. (22~30)

보기
朱 丙 着 容 希 舍 興 偉 端

22. 誤와 반대의 뜻을 지닌 한자는?
(   )

23. 小와 반대의 뜻을 지닌 한자는?
(   )

24. 望과 의미가 유사한 한자는?
(   )

25. 起와 의미가 유사한 한자는?
(   )

26. 丹과 의미가 유사한 한자는?
(   )

27. 屋과 의미가 유사한 한자는?
(   )

28. 南과 의미가 유사한 한자는?
(   )

29. 移와 반대의 의미를 지닌 한자는?
(   )

30. 面과 유사한 의미를 지닌 한자는?
(   )

정답

1. 得	2. 興	3. 暴	4. 判	5. 着	6. 偉	7. 細	8. 房
9. 燈火	10. 旅行	11. 大笑	12. 松葉	13. 治國	14. ②	15. ③	16. ④
17. ①	18. ③	19. ②	20. ③	21. ④	22. 端	23. 偉	24. 希
25. 興	26. 朱	27. 舍	28. 丙	29. 着	30. 容		

6 연습문제 및 최근 기출문제

한자실력급수 자격시험 **4급** 연습문제 <1>

객관식 (1~30번)

※ [　]안의 한자와 음(소리)이 같은 한자는?

1. [除] ① 否 ② 與 ③ 再 ④ 製

2. [眼] ① 街 ② 案 ③ 甲 ④ 面

3. [舍] ① 寺 ② 佛 ③ 其 ④ 陰

4. [造] ① 辰 ② 戌 ③ 兆 ④ 丹

5. [片] ① 便 ② 必 ③ 湖 ④ 硏

※ [　]안의 한자와 뜻이 비슷하거나 같은 한자는?

6. [在] ① 的 ② 存 ③ 化 ④ 佳

7. [知] ① 由 ② 識 ③ 願 ④ 養

※ [　]안의 한자와 뜻이 반대되거나 상대되는 한자는?

8. [陰] ① 寅 ② 斗 ③ 進 ④ 陽

9. [夏] ① 早 ② 冬 ③ 種 ④ 貯

※ <보기>의 단어들과 가장 관련이 깊은 한자는?

10. <보기> 부모님　선생님　보답
① 惠　② 盛　③ 政　④ 指

11. <보기> 계곡　피서　물놀이
① 申　② 拜　③ 溪　④ 乾

12. <보기> 고추　파　마늘
① 癸　② 辛　③ 官　④ 律

※ [　] 안의 단어를 한자로 알맞게 바꿔 쓴 것은?

13. [속담]에는 선인들의 교훈과 지혜가 담겨있다.
① 俗談　② 速談　③ 續談　④ 俗達

14. 예로부터 우리는 효도를 [윤리]의 근본으로 삼아왔다.
① 倫里　② 倫理　③ 論理　④ 論里

15. 스포츠 경기에서는 승자와 패자의 [명암]이 엇갈린다.
① 命音　② 明音　③ 命暗　④ 明暗

※ [　] 안의 한자어의 독음(소리)으로 알맞은 것은?

16. [配慮] ① 배려 ② 수려 ③ 미려 ④ 고려

17. [脈絡] ① 맥박 ② 연락 ③ 문맥 ④ 맥락

18. [可採] ① 가능 ② 가채 ③ 가구 ④ 가동

19. [輸入] ① 수출 ② 수지 ③ 수입 ④ 수요

20. [效率] ① 효능 ② 효소 ③ 효율 ④ 효과

※ 주어진 뜻에 알맞은 한자어는?

21. 사물이 한쪽으로 기울지 않고 안정해 있음.
    ① 免疫 ② 企業 ③ 平衡 ④ 趣向

22. 하늘이 주었다는 뜻으로 타고날 때부터 지님.
    ① 淸廉 ② 隔差 ③ 恐慌 ④ 天賦

23. 어떤 일이나 의논, 의견에 그 근본이 됨.
    ① 隨筆 ② 根據 ③ 心象 ④ 散策

24. 조선 시대에, 이념과 이해에 따라 이루어진 사림의 집단을 이르는 말.
    ① 疏通 ② 朋黨 ③ 確率 ④ 分析

25. 넓은 지역에 걸쳐 있는, 수평 방향으로 거의 같은 성질을 가진 공기 덩어리.
    ① 消費 ② 顚倒 ③ 氣團 ④ 實踐

※ [　] 안에 들어갈 한자어로 알맞은 것은?

26. 그는 고개를 끄덕이면서 나의 말에 [　]의 표시를 하였다.
    ① 革命 ② 地震 ③ 辭典 ④ 肯定

27. 이번 사태는 어느 정도 [　]했던 일이라 대수롭지 않다.
    ① 尊嚴 ② 豫見 ③ 寡占 ④ 導體

28. 오늘은 '에너지 절약'을 주제로 [　]을/를 하였다.
    ① 價値 ② 經濟 ③ 埋藏 ④ 討議

29. TV 프로그램을 [　]한 범죄가 사회적으로 문제를 야기하고 있다.
    ① 慈悲 ② 模倣 ③ 維新 ④ 慣性

30. 사진첩에는 지난날의 [　]이 담겨있다.
    ① 追憶 ② 汚染 ③ 縮尺 ④ 巖石

한자실력급수 자격시험 **4**급 연습문제 〈1〉

주관식 (31~100번)

※ 한자의 훈(뜻)과 음(소리)을 한글로 쓰시오.

31. 精 (   )

32. 察 (   )

33. 悲 (   )

34. 鼻 (   )

35. 細 (   )

36. 拜 (   )

37. 波 (   )

38. 看 (   )

39. 私 (   )

40. 井 (   )

※ 훈과 음에 맞는 한자를 〈보기〉에서 찾아 쓰시오.

〈보기〉	得 筆 朱 舌 律 雄 印 拾 好 酉

41. 법   률 (   )

42. 얻을   득 (   )

43. 붓   필 (   )

44. 도장   인 (   )

45. 좋을   호 (   )

46. 주울   습 (   )

47. 붉을   주 (   )

48. 닭   유 (   )

49. 혀   설 (   )

50. 수컷   웅 (   )

※ 한자어의 독음을 한글로 쓰시오.

51. 寒波　(　　　)

52. 單純　(　　　)

53. 應試　(　　　)

54. 歌唱　(　　　)

55. 快樂　(　　　)

56. 申請　(　　　)

57. 客室　(　　　)

58. 妙技　(　　　)

59. 許容　(　　　)

60. 尊敬　(　　　)

61. 與否　(　　　)

62. 遺骨　(　　　)

63. 景致　(　　　)

64. 所願　(　　　)

65. 接受處　(　　　)

66. 後尾　(　　　)

67. 將軍　(　　　)

※ 〈보기〉의 뜻을 참고하여 ○안에 공통으로 들어갈 한자를 쓰시오.

68. (1) ○福　(2) ○祭　(　　　)

〈보기〉	(1) 행복을 빎. (2) 축하하여 벌이는 큰 규모의 행사.

69. (1) ○守　(2) ○存　(　　　)

〈보기〉	(1) 보전하여 지킴. (2) 잘 보호하고 간수하여 남김.

70. (1) 別○　(2) ○房　(　　　)

〈보기〉	(1) 따로 엮어 만든 책. (2) 책을 파는 가게.

※ ○안에 공통으로 들어갈 한자를 〈보기〉에서 찾아 쓰시오.

〈보기〉	期　亡　買　量　武

71. ○力　○將　文○　(　　　)

72. ○約　○間　時○　(　　　)

73. 數○　重○　質○　(　　　)

한자실력급수 자격시험 **4급** 연습문제 〈1〉

※ 문장에서 잘못 쓴 한자를 바르게 고쳐 쓰시오.
(단, 음이 같은 한자로 고칠 것)

74. 맞벌이 父婦가 점점 늘어나는 추세이다.
(→)

75. 담임 선생님께서 우리 집에 가정 防問을 오셨다. (→)

※ [ ]안의 단어를 한자로 쓰시오.

76. 이 봉투는 재활용이 [가능]하다.
( )

77. 선생님께서는 글의 핵심 [내용]을 정리하라고 하셨다. ( )

78. 며칠 간의 긴 작업 끝에 원고가 [완성]되었다. ( )

79. 현실에 [만족]하지 않고 더 큰 꿈을 향해 나아갈 것이다. ( )

80. 행주[산성]에는 권율 장군의 동상이 있다.
( )

※ [ ]안의 한자어 독음을 한글로 쓰시오.

81. 이달의 [推薦]도서를 읽어보았다.
( )

82. 간혹 [匿名性]을 요구하는 인터뷰 기사에서는 이름을 머리글자로 약칭한다.
( )

83. 시민운동 단체는 국민과의 [連帶]를 통해 그들의 의지를 관철해 나갔다.
( )

84. 그들은 [環境]보호에 힘쓰고 있다.
( )

85. 그는 어떤 유혹에도 흔들림 없이 [志操]를 지켰다. ( )

86. 방사능 누출 사고 지역에서 [突然變異] 식물이 나타나고 있다. ( )

87. 이 소설은 인물의 성격 [描寫]가 뛰어나다.
( )

88. 헌법에 [納稅]는 국민의 의무로 명시되어 있다. ( )

89. 식물은 대체로 [氣孔]을 통해 증산작용을 한다. (　　　)

90. [儉素]한 옷차림처럼 그의 성품은 맑고 담백했다. (　　　)

91. 새로 개발한 [金融] 상품은 투자 안정성이 높다. (　　　)

92. 이 표어에는 두 가지 의미가 [含蓄]되어 있다. (　　　)

93. 수학 시간에 두 개의 변수 x와 y로 이루어져 있는 [函數]에 대해 배웠다. (　　　)

94. 임금은 백성들에게 [寬容]을 베풀었다. (　　　)

95. 그의 이번 행동은 [常識] 밖이라고 여겨진다. (　　　)

※ 한자성어의 설명을 읽고 ○안에 들어갈 한자를 〈보기〉에서 찾아 차례대로 쓰시오.

〈보기〉	故 權 耳 安 竹 若 席 牛 觀 不

96. 坐不○○　　(　　,　　)

[좌불안석] 앉아도 자리가 편안하지 않다는 뜻으로, 마음이 불안하거나 걱정스러워서 한 군데에 가만히 앉아 있지 못하고 안절부절못하는 모양을 이르는 말.

97. ○○讀經　　(　　,　　)

[우이독경] 쇠귀에 경 읽기라는 뜻으로, 아무리 가르치고 일러주어도 알아듣지 못함.

98. 明○○火　　(　　,　　)

[명약관화] 불을 보듯이 분명하고 뻔함.

99. ○馬○友　　(　　,　　)

[죽마고우] 어릴 때부터 같이 놀며 자란 벗.

100. ○○十年　　(　　,　　)

[권불십년] 권세는 십 년을 가지 못한다는 뜻으로, 아무리 높은 권세라도 오래가지 못함을 이르는 말.

한자실력급수 자격시험 4급 연습문제 ⟨2⟩

객관식 (1~30번)

※ [　] 안의 한자와 음(소리)이 같은 한자는?

1. [移]　① 以　② 衆　③ 印　④ 布

2. [因]　① 思　② 引　③ 壬　④ 貝

3. [解]　① 兆　② 是　③ 舌　④ 害

4. [忘]　① 冊　② 早　③ 良　④ 望

5. [貨]　① 畫　② 賞　③ 停　④ 惠

※ [　] 안의 한자와 뜻이 비슷하거나 같은 한자는?

6. [造]　① 的　② 製　③ 花　④ 佳

7. [法]　① 律　② 陰　③ 偉　④ 究

※ [　] 안의 한자와 뜻이 반대되거나 상대되는 한자는?

8. [散]　① 集　② 質　③ 眞　④ 烈

9. [順]　① 朱　② 卯　③ 硏　④ 逆

※ ⟨보기⟩의 단어들과 가장 관련이 깊은 한자는?

10. | ⟨보기⟩ | 명주 | 옷감 | 바늘 |

　　① 訪　② 絲　③ 甲　④ 辰

11. | ⟨보기⟩ | 엄지 | 반지 | 지문 |

　　① 遇　② 句　③ 指　④ 變

12. | ⟨보기⟩ | 결혼 | 돌 | 환갑 |

　　① 慶　② 井　③ 怒　④ 景

※ [　] 안의 단어를 한자로 알맞게 바꿔 쓴 것은?

13. 그는 이론과 [실무]를 갖춘 인재이다.

　　① 失無　② 失務　③ 實務　④ 實無

14. 물품을 주고받는 것을 [수수]라고 한다.

　　① 授受　② 手授　③ 手首　④ 水手

15. 논설문은 크게 서론, 본론, 결론 세 [부분]으로 나눌 수 있다.

　　① 不分　② 富分　③ 否分　④ 部分

※ [　] 안의 한자어의 독음(소리)으로 알맞은 것은?

16. [濃度] ① 농부 ② 농도 ③ 농약 ④ 농사

17. [殉葬] ① 매장 ② 사장 ③ 순장 ④ 순사

18. [金融] ① 금전 ② 금격 ③ 금전 ④ 금융

19. [疏通] ① 소통 ② 소원 ③ 교통 ④ 유통

20. [放縱] ① 방중 ② 방심 ③ 방종 ④ 방청

※ 주어진 뜻에 알맞은 한자어는?

21. 경우에 따라 재치 있게 대응하는 지혜.
　　① 敍述 ② 恐慌 ③ 企業 ④ 機智

22. 자신의 능력을 믿음으로써 가지는 당당함.
　　① 肯定 ② 儉素 ③ 矜持 ④ 責任

23. 하고 싶은 마음이 생기는 방향 또는 그런 경향.
　　① 連帶 ② 氣孔 ③ 趣向 ④ 含蓄

24. 말의 뜻을 구별하는 소리의 가장 작은 단위.
　　① 音韻 ② 平衡 ③ 價値 ④ 福祉

25. 지도에서 거리와 지표에서의 실제 거리와의 비율.
　　① 地層 ② 細胞 ③ 縮尺 ④ 比喩

※ [　] 안에 들어갈 한자어로 알맞은 것은?

26. 사회적 약자에 대한 관심과 [　]가 필요하다.
　　① 需要 ② 配慮 ③ 顚倒 ④ 宇宙

27. 체벌에 대한 의견을 묻는 [　] 조사가 실시되었다.
　　① 汚染 ② 環境 ③ 輿論 ④ 淸廉

28. 서해는 수심이 낮아 [　]에 유리하다.
　　① 函數 ② 納稅 ③ 干拓 ④ 勤勉

29. 그는 [　]을 벗어난 행동으로 주위를 당황하게 하였다.
　　① 導體 ② 巖石 ③ 地震 ④ 常識

30. 배우들은 각자의 [　]을 연습하고 있다.
　　① 臺本 ② 維新 ③ 比率 ④ 辭典

한자실력급수 자격시험 **4급** 연습문제 〈2〉

주관식 (31~100번)

※ 한자의 훈(뜻)과 음(소리)을 한글로 쓰시오.

31. 婚 (   )

32. 耕 (   )

33. 寺 (   )

34. 燈 (   )

35. 興 (   )

36. 逆 (   )

37. 謝 (   )

38. 氷 (   )

39. 效 (   )

40. 均 (   )

※ 훈과 음에 맞는 한자를 〈보기〉에서 찾아 쓰시오.

〈보기〉	船 官 聲 危 斗 聽 陸 誤 紙 判

41. 위태할   위 (   )

42. 그릇될   오 (   )

43. 판단할   판 (   )

44. 벼슬   관 (   )

45. 말   두 (   )

46. 뭍   륙 (   )

47. 배   선 (   )

48. 소리   성 (   )

49. 들을   청 (   )

50. 종이   지 (   )

※ 한자어의 독음을 한글로 쓰시오.

51. 精誠 (　　　　　)

52. 原則 (　　　　　)

53. 最惡 (　　　　　)

54. 舍屋 (　　　　　)

55. 禁止 (　　　　　)

56. 祝祭 (　　　　　)

57. 英雄 (　　　　　)

58. 旅客 (　　　　　)

59. 想念 (　　　　　)

60. 認定 (　　　　　)

61. 調節 (　　　　　)

62. 支持 (　　　　　)

63. 及第 (　　　　　)

64. 修養 (　　　　　)

65. 依存 (　　　　　)

66. 經過 (　　　　　)

67. 除去 (　　　　　)

※ 〈보기〉의 뜻을 참고하여 ○안에 공통으로 들어갈 한자를 쓰시오.

68. (1) 假○　　(2) 呼○　　(　　　　　)

〈보기〉	(1) 실제의 자기 이름이 아닌 이름. (2) 이름을 부름.

69. (1) 冷○　　(2) 談○　　(　　　　　)

〈보기〉	(1) 쌀쌀한 태도로 비웃음. (2) 웃고 즐기면서 이야기함.

70. (1) 作○　　(2) ○線　　(　　　　　)

〈보기〉	(1) 음악 작품을 창작하는 일. (2) 모나지 아니하고 부드럽게 굽은 선.

※ ○ 안에 공통으로 들어갈 한자를 〈보기〉에서 찾아 쓰시오.

〈보기〉	協　唱　爲　獨　往

71. ○自　　○立　　○白　　(　　　　　)

72. ○復　　○來　　○年　　(　　　　　)

73. 合○　　愛○　　歌○　　(　　　　　)

한자실력급수 자격시험 4급 연습문제 〈2〉

※ 문장에서 잘못 쓴 한자를 바르게 고쳐 쓰시오. (단, 음이 같은 한자로 고칠 것)

74. 오이마사지는 피부 美用에 좋다.
(→)

75. 고모는 출산 후에 肉兒에 전념하고 계신다.
(→)

※ [ ] 안의 단어를 한자로 쓰시오.

76. 천신만고 끝에 목적지에 [도달]하였다. ( )

77. 황제의 즉위식이 성대하게 [거행]되었다. ( )

78. 고구려의 시조 동명 성왕 주몽은 매우 뛰어난 [명궁]이었다. ( )

79. 오늘은 우리 조가 청소 [당변]을 할 차례이다. ( )

80. 잎이 뾰족한 나무를 [침엽수]라 한다. ( )

※ [ ] 안의 한자어 독음을 한글로 쓰시오.

81. 몸무게가 표준체중을 [超過]하였다. ( )

82. 고대 [祭政一致] 국가에서는 왕이 종교적 행사까지 주관하였다. ( )

83. '물안개'는 두 개의 [形態素]로 이루어진 단어이다. ( )

84. 새로 발견된 유물은 [國寶]로 지정될 예정이다. ( )

85. 로봇[博物館]에는 어린이들이 좋아하는 로봇이 많이 전시되어 있다. ( )

86. 파도의 물거품이 햇빛에 [反射]되어 반짝거렸다. ( )

87. 우리나라는 석유를 외국에서 [輸入]한다. ( )

88. 컴퓨터 사용이 늘면서 '거북목 [症候群]'을 겪는 환자가 늘었다. ( )

89. 선생님은 꼭 알아야 할 교통[秩序]에 대해 설명하셨다. (　　　　)

90. 한반도는 현재 세계 유일의 [分斷]국가이다. (　　　　)

91. 어렸을 때 놀이공원에서 찍은 사진을 보며 [追憶]에 잠겼다. (　　　　)

92. [體操]의 마지막 동작은 숨을 깊게 쉬는 것이다. (　　　　)

93. 어려서부터 건전한 [消費]습관을 들여야 한다. (　　　　)

94. 아름다운 [地球村]을 만드는 일에는 국적을 초월한 여러 나라의 협력이 필요하다. (　　　　)

95. 지난번 [博覽會]를 통해서 우리 회사의 제품을 세계에 알릴 수 있었다. (　　　　)

※ 한자성어의 설명을 읽고 ○안에 들어갈 한자를 〈보기〉에서 찾아 차례대로 쓰시오.

| 〈보기〉 | 看 善 波 恩 益 齒 報 走 角 平 |

96. 結草○○　　　　(　　,　　)

[결초보은] 죽은 뒤에라도 은혜를 잊지 않고 갚음을 이르는 말.

97. ○馬○山　　　　(　　,　　)

[주마간산] 말을 타고 달리며 산천을 구경한다는 뜻으로, 자세히 살피지 아니하고 대충대충 보고 지나감을 이르는 말.

98. 多多○○　　　　(　　,　　)

[다다익선] 많으면 많을수록 더욱 좋음.

99. ○地風○　　　　(　　,　　)

[평지풍파] 평온한 자리에서 일어나는 풍파라는 뜻으로, 뜻밖에 분쟁이 일어남을 비유적으로 이르는 말.

100. ○者無○　　　　(　　,　　)

[각자무치] 뿔이 있는 짐승은 이가 없다는 뜻으로, 한 사람이 여러 가지 재주나 복을 다 가질 수 없다는 말.

한자실력급수 자격시험 4급 연습문제 ⟨3⟩

객관식 (1~30번)

※ [　] 안의 한자와 음(소리)이 같은 한자는?

1. [期] ① 貧 ② 急 ③ 其 ④ 限

2. [商] ① 指 ② 因 ③ 請 ④ 賞

3. [兆] ① 逆 ② 朝 ③ 午 ④ 純

4. [神] ① 政 ② 仙 ③ 辛 ④ 競

5. [在] ① 製 ② 財 ③ 低 ④ 種

※ [　] 안의 한자와 뜻이 비슷하거나 같은 한자는?

6. [想] ① 處 ② 移 ③ 舍 ④ 思

7. [停] ① 止 ② 上 ③ 惠 ④ 救

※ [　] 안의 한자와 뜻이 반대되거나 상대되는 한자는?

8. [公] ① 節 ② 除 ③ 退 ④ 私

9. [首] ① 益 ② 笑 ③ 尾 ④ 毛

※ ⟨보기⟩의 단어들과 가장 관련이 깊은 한자는?

10. | ⟨보기⟩ | 서점 | 만화 | 소설 |

    ① 方　② 冊　③ 依　④ 星

11. | ⟨보기⟩ | 음식 | 숟가락 | 주먹밥 |

    ① 謝　② 飯　③ 鼻　④ 耕

12. | ⟨보기⟩ | 파문 | 바다 | 태풍 |

    ① 波　② 快　③ 脫　④ 現

※ [　] 안의 단어를 한자로 알맞게 바꿔 쓴 것은?

13. 이 [이론]은 그녀가 평생을 노력하고 연구하여 이룬 업적이다.

    ① 異倫　② 理論　③ 李論　④ 理倫

14. 그는 모든 이익을 [균등]하게 나누겠다고 약속하였다.

    ① 均登　② 均如　③ 均等　④ 均平

15. 어려운 때일수록 개인적 [이해]를 따지지 말고 서로 단결해야 합니다.

    ① 里解　② 里害　③ 利解　④ 利害

※ [　] 안의 한자어의 독음(소리)으로 알맞은 것은?

16. [踏査] ① 심사 ② 답사 ③ 조사 ④ 검사

17. [血緣] ① 혈육 ② 혈맹 ③ 혈연 ④ 혈색

18. [納稅] ① 납세 ② 조세 ③ 감세 ④ 내세

19. [分斷] ① 분석 ② 분계 ③ 분리 ④ 분단

20. [餘暇] ① 제가 ② 한가 ③ 여가 ④ 수가

※ 주어진 뜻에 알맞은 한자어는?

21. 일정한 수나 한도를 넘음.

① 超過 ② 函數 ③ 國寶 ④ 勤勉

22. 사건이나 생각 따위를 차례대로 말하거나 적음.

① 推薦 ② 敍述 ③ 儉素 ④ 宇宙

23. 물체의 뾰족한 끝.

① 突然 ② 汚染 ③ 巖石 ④ 尖端

24. 추상적인 개념이나 사물을 구체적인 사물로 나타내는 일.

① 肯定 ② 免疫 ③ 象徵 ④ 莊園

25. 돈이나 시간, 노력 따위를 들이거나 써서 없앰.

① 討議 ② 散策 ③ 恭敬 ④ 消費

※ [　] 안에 들어갈 한자어로 알맞은 것은?

26. 두 국가의 오랜 대립과 [　]이 마침내 해소되었다.

① 確率 ② 還穀 ③ 葛藤 ④ 埋藏

27. 그는 정확한 [　]없이 말도 안 되는 소리로 억지를 부리고 있다.

① 根據 ② 模倣 ③ 朋黨 ④ 價値

28. 각자 마음에 드는 것을 자유롭게 [　]했다.

① 反射 ② 金融 ③ 地震 ④ 選擇

29. 높은 산에 올라가면 [　]이/가 낮아져 귀가 먹먹해진다.

① 顚倒 ② 氣壓 ③ 嗜好 ④ 描寫

30. 일기나 편지도 문학 갈래에서 [　]의 종류에 속한다.

① 志操 ② 經濟 ③ 隨筆 ④ 寡占

한자실력급수 자격시험 4급 연습문제 <3>

주관식 (31~100번)

※ 한자의 훈(뜻)과 음(소리)을 한글로 쓰시오.

31. 承 (　　　　　)

32. 起 (　　　　　)

33. 伐 (　　　　　)

34. 佛 (　　　　　)

35. 針 (　　　　　)

36. 防 (　　　　　)

37. 增 (　　　　　)

38. 鄕 (　　　　　)

39. 藝 (　　　　　)

40. 認 (　　　　　)

※ 훈과 음에 맞는 한자를 <보기>에서 찾아 쓰시오.

<보기>	卯 葉 探 久 及 晝 街 偉 坐 乾

41. 거리　　가 (　　　　　)

42. 오랠　　구 (　　　　　)

43. 토끼　　묘 (　　　　　)

44. 클　　　위 (　　　　　)

45. 하늘　　건 (　　　　　)

46. 잎　　　엽 (　　　　　)

47. 낮　　　주 (　　　　　)

48. 앉을　　좌 (　　　　　)

49. 미칠　　급 (　　　　　)

50. 찾을　　탐 (　　　　　)

※ 한자어의 독음을 한글로 쓰시오.

51. 清溪 (　　　　　)

52. 蟲齒 (　　　　　)

53. 休務 (　　　　　)

54. 電燈 (　　　　　)

55. 獨唱 (　　　　　)

56. 舌戰 (　　　　　)

57. 引下 (　　　　　)

58. 敎授 (　　　　　)

59. 省察 (　　　　　)

60. 取得 (　　　　　)

61. 滿發 (　　　　　)

62. 浴室 (　　　　　)

63. 希望 (　　　　　)

64. 禮遇 (　　　　　)

65. 敵手 (　　　　　)

66. 詩句 (　　　　　)

67. 密談 (　　　　　)

※ 〈보기〉의 뜻을 참고하여 ○안에 공통으로 들어갈 한자를 쓰시오.

68. (1) ○言　　(2) ○産　　(　　　　)

〈보기〉	(1) 죽음에 이르러 말을 남김. 또는 그 말. (2) 앞 세대가 물려 준 사물 또는 문화.

69. (1) 假○　　(2) 場○　　(　　　　)

〈보기〉	(1) 나무, 종이 등으로 만든 얼굴의 형상. (2) 어떠한 장소의 겉으로 드러난 면, 또는 그 광경

70. (1) ○暗　　(2) 鮮○　　(　　　　)

〈보기〉	(1) 밝음과 어두움. (2) 산뜻하고 뚜렷하여 다른 것과 혼동되지 않음.

※ ○안에 공통으로 들어갈 한자를 〈보기〉에서 찾아 쓰시오.

〈보기〉	否　造　拜　修　最

71. 再○　歲○　參○　(　　　　)

72. ○善　○適　○後　(　　　　)

73. ○作　改○　人○　(　　　　)

한자실력급수 자격시험 **4급** 연습문제 〈3〉

※ 문장에서 잘못 쓴 한자를 바르게 고쳐 쓰시오. (단, 음이 같은 한자로 고칠 것)

74. 그는 若骨이란 별명에서 벗어나기 위해 꾸준히 운동을 하고 있다.
(→)

75. 농촌의 인구가 점차 感少하고 있는 실정이다.
(→)

※ [ ] 안의 단어를 한자로 쓰시오.

76. 어제 [안과]에 가서 시력검사를 하였다.
( )

77. 아버지는 불우이웃돕기에 [거금]을 기부하셨다.
( )

78. 멀리 전학을 간 친구와 편지 [왕래]를 하였다.
( )

79. 우리 반은 설악산으로 수학[여행]을 갔었다.
( )

80. 이 도시락은 [보온] 효과가 뛰어나다.
( )

※ [ ] 안의 한자어 독음을 한글로 쓰시오.

81. 자유에는 [責任]이 따른다.
( )

82. [投票] 결과에 깨끗이 승복하였다.
( )

83. 그 판사는 평생을 소신껏 [裁判]에 임해 온 것에 대하여 자부심을 느끼고 있다.
( )

84. 이 영화는 한국인들의 [情緒]와 잘 맞는다.
( )

85. 그는 [排他主義]적 성향이 너무 짙어 주변 사람들과 어울리지 못한다.
( )

86. 가격은 [需要]와 공급에 따라 변동된다.
( )

87. 산업[革命]은 18세기 중엽 영국에서 시작하였다.
( )

88. 새로 당선된 시장은 사회 [福祉] 시설의 개선을 약속했다.
( )

89. 왕은 부패한 관료 사회를 개혁하기 위해 과감한 [維新]을 단행했다. (   )

90. 우리 몸에 유익한 [不飽和] 지방산에는 오메가3 지방산과 리놀레산 등이 있다.
(   )

91. 모든 국민은 인간으로서의 [尊嚴]과 가치를 가진다. (   )

92. 평균 수명의 연장으로 노인 인구의 [比率]이 점점 높아지고 있다. (   )

93. 현미경의 발명은 육안으로 관찰하기 어려운 미세 [細胞]를 연구하는 데 커다란 공헌을 하였다. (   )

94. 중국의 황사는 [偏西風]을 타고 한반도로 날아온다. (   )

95. 대한민국은 건국 이래로 [普通選擧] 제도를 취하고 있다. (   )

※ 한자성어의 설명을 읽고 ○안에 들어갈 한자를 〈보기〉에서 찾아 차례대로 쓰시오.

| 〈보기〉 | 爭 友 甘 徒 草 以 爲 相 文 治 |

96. ○房四○   (,   )

[문방사우] 서재에 있어야 할 네 가지 벗으로 종이, 붓, 벼루, 먹을 일컬음.

97. ○熱○熱   (,   )

[이열치열] 열로써 열을 다스린다는 뜻으로, 힘에는 힘으로 또는 강한 것에는 강한 것으로 상대하는 경우를 이르는 말.

98. 無○○食   (,   )

[무위도식] 하는 일 없이 단지 먹기만 한다.

99. 骨肉○○   (,   )

[골육상쟁] 뼈와 살이 서로 다툰다는 뜻으로, 같은 민족끼리 서로 싸움.

100. 藥房○○   (,   )

[약방감초] 약방의 감초라는 뜻으로, 모든 한약에 감초가 들어간다는 데에서 어떤 일에나 빠지지 않고 끼는 사람을 이르는 말.

한자실력급수 자격시험 **4**급 연습문제 〈4〉

객관식 (1~30번)

※ [ ] 안의 한자와 음(소리)이 같은 한자는?

1. [卯] ① 干 ② 妙 ③ 其 ④ 飯

2. [算] ① 伐 ② 鮮 ③ 俗 ④ 産

3. [加] ① 巨 ② 庚 ③ 街 ④ 救

4. [寺] ① 舍 ② 聖 ③ 勢 ④ 松

5. [寅] ① 限 ② 弓 ③ 引 ④ 依

※ [ ] 안의 한자와 뜻이 비슷하거나 같은 한자는?

6. [偉] ① 爭 ② 爲 ③ 保 ④ 大

7. [音] ① 聲 ② 怒 ③ 得 ④ 暴

※ [ ] 안의 한자와 뜻이 반대되거나 상대 되는 한자는?

8. [眞] ① 倫 ② 滿 ③ 更 ④ 假

9. [結] ① 絲 ② 解 ③ 增 ④ 非

※ 〈보기〉의 단어들과 가장 관련이 깊은 한자는?

10. 〈보기〉 치과 칫솔 치약

① 葉 ② 漁 ③ 次 ④ 齒

11. 〈보기〉 며느리 아내 혼인

① 印 ② 婦 ③ 浴 ④ 壬

12. 〈보기〉 두레박 지하수 물동이

① 乃 ② 烈 ③ 是 ④ 井

※ [ ] 안의 단어를 한자로 알맞게 바꿔 쓴 것은?

13. 어제 할머니 집에 [도착]하였다.

① 到着 ② 道着 ③ 都着 ④ 島着

14. 친구에게 선물을 [전달]했다.

① 全達 ② 戰達 ③ 電達 ④ 傳達

15. 서울과 지방 지역을 일컬어 [경향]이라고 한다.

① 京鄕 ② 京香 ③ 景香 ④ 景鄕

※ [　] 안의 한자어의 독음(소리)으로 알맞은 것은?

16. [常識] ① 당식 ② 당직 ③ 상식 ④ 상직

17. [散策] ① 산보 ② 산책 ③ 산소 ④ 산기

18. [殉葬] ① 매장 ② 순직 ③ 고장 ④ 순장

19. [宇宙] ① 연주 ② 거주 ③ 상주 ④ 우주

20. [輿論] ① 공론 ② 여론 ③ 토론 ④ 거론

※ 주어진 뜻에 알맞은 한자어는?

21. 다른 것을 본뜨거나 본받음.

　　① 推薦 ② 疏通 ③ 模倣 ④ 責任

22. 옳고 그름을 따져 판단함.

　　① 還穀 ② 裁判 ③ 慣性 ④ 條約

23. 즐기고 좋아함.

　　① 嗜好 ② 機智 ③ 血緣 ④ 恐慌

24. 차례, 위치, 이치, 가치관 따위가 뒤바뀌어 원래와 달리 거꾸로 됨.

　　① 天賦 ② 寡占 ③ 顚倒 ④ 汚染

25. 부지런히 일하여 힘씀.

　　① 辭典 ② 臺本 ③ 肯定 ④ 勤勉

※ [　] 안에 들어갈 한자어로 알맞은 것은?

26. 나는 [　]시간을 활용하여 기타를 배우기 시작했다.

　　① 懶怠 ② 餘暇 ③ 根據 ④ 可採

27. 간밤에 내린 눈이 달빛에 [　]가 되어 반짝반짝 빛이 났다.

　　① 連帶 ② 配慮 ③ 濃度 ④ 反射

28. 웃어른을 [　]해야 한다.

　　① 比率 ② 恭敬 ③ 細胞 ④ 朋黨

29. 그는 상대에게 굽히지 않고 끝까지 [　]하였다.

　　① 抵抗 ② 情緖 ③ 葛藤 ④ 選擇

30. 각자의 [　]에 맞는 물건을 골랐다.

　　① 討議 ② 隨筆 ③ 趣向 ④ 秩序

한자실력급수 자격시험 **4급** 연습문제 〈4〉

주관식 (31~100번)

※ 한자의 훈(뜻)과 음(소리)을 한글로 쓰시오.

31. 慶 (   )

32. 除 (   )

33. 務 (   )

34. 及 (   )

35. 治 (   )

36. 修 (   )

37. 貨 (   )

38. 片 (   )

39. 誤 (   )

40. 徒 (   )

※ 훈과 음에 맞는 한자를 〈보기〉에서 찾아 쓰시오.

〈보기〉	異 察 恩 形 禁 最 變 患 線 布

41. 금할   금 (   )

42. 펼   포 (   )

43. 근심   환 (   )

44. 은혜   은 (   )

45. 살필   찰 (   )

46. 변할   변 (   )

47. 줄   선 (   )

48. 다를   이 (   )

49. 모양   형 (   )

50. 가장   최 (   )

※ 한자어의 독음을 한글로 쓰시오.

51. 新婚 (   )

52. 接待 (   )

53. 害蟲 (   )

54. 逆順 (   )

55. 文句 (   )

56. 權利 (   )

57. 競走 (   )

58. 亡兆 (   )

59. 視聽 (   )

60. 房門 (   )

61. 舊式 (   )

62. 必勝 (   )

63. 平均 (   )

64. 宿所 (   )

65. 癸巳 (   )

66. 授與 (   )

67. 往復 (   )

※ 〈보기〉의 뜻을 참고하여 ○안에 공통으로 들어갈 한자를 쓰시오.

68. (1) 感○　　(2) 空○　　　(   )

〈보기〉	(1) 마음속에서 일어나는 느낌이나 생각. (2) 이루어질 수 없는 헛된 생각.

69. (1) 歌○　　(2) 擧○　　　(   )

〈보기〉	(1) 노래 부르는 것이 직업인 사람. (2) 손을 위로 들어 올림.

70. (1) 法○　　(2) ○動　　　(   )

〈보기〉	(1) 국가의 강제력을 수반하는 사회 규범. (2) 규칙적인 운동. 가락에 맞추어 추는 춤.

※ ○ 안에 공통으로 들어갈 한자를 〈보기〉에서 찾아 쓰시오.

〈보기〉	陸	則	問	注	精

71. ○氣　　○神　　○密　　(   )

72. 訪○　　質○　　○安　　(   )

73. ○地　　內○　　○軍　　(   )

한자실력급수 자격시험 4급 연습문제 〈4〉

※ 문장에서 잘못 쓴 한자를 바르게 고쳐 쓰시오.
(단, 음이 같은 한자로 고칠 것)

74. 그가 범인으로 생각되어 경찰에 新告했다.
(→)

75. 선수들은 감독의 指時에 따라 경기에 임하였다. (→)

※ [ ]안의 단어를 한자로 쓰시오.

76. [행복]은 멀리 있는 것이 아니다.
( )

77. 이순신 장군은 나라를 구한 [영웅]이다.
( )

78. 아버지는 소설가이자 [시인]이시다.
( )

79. 모두 [단정]한 자세로 자리에 앉아 있다.
( )

80. 새로운 법안이 내년부터 [적용]될 예정이다.
( )

※ [ ]안의 한자어 독음을 한글로 쓰시오.

81. 실험에 실패한 원인을 [分析]해 보았다.
( )

82. 선생님은 우리에게 [寬容]을 보이셨다.
( )

83. 그 매장에서 [販賣]하는 옷은 품질이 매우 좋다. ( )

84. 백 마디 말보다 한번 [實踐]하는 것이 더 중요하다. ( )

85. 우리 고장은 대륙성 기후에 [降水量]이 많은 지역이다. ( )

86. 이번 신제품은 소비자의 의견을 [反映]하여 만들었다. ( )

87. 교통과 [大衆 媒體]의 발달로 모든 지역이 도시화하고 있다. ( )

88. 용의자의 진술은 앞뒤 [脈絡]이 맞지 않았다. ( )

89. 황희 정승은 [淸廉]한 선비였다.
(   )

90. 사람 간의 문제는 대화와 [妥協]으로 풀어 나가야 한다.   (   )

91. 건설사를 상대로 허위·[誇張] 광고에 대한 피해 보상을 청구했다.   (   )

92. 물체가 무겁고, 물체와 바닥면 사이가 거칠 수록 [摩擦力]은 커진다. (   )

93. 적당한 운동과 숙면은 인체의 [免疫]기능을 높여준다.   (   )

94. 난류와 한류가 만나는 지역인 [潮境水域]은 좋은 어장이 된다. (   )

95. 한국어를 처음 배우는 외국인이 자연스럽게 [標準語]를 구사하기는 쉽지 않다.
(   )

※ 한자성어의 설명을 읽고 ○안에 들어갈 한자를 〈보기〉에서 찾아 차례대로 쓰시오.

| 〈보기〉 | 初 復 佳 甘 可 利 重 才 燈 終 |

96. ○언○언   (,   )

[중언부언] '거듭 말하고 다시 말한다'는 뜻으로 이미 한 말을 자꾸 되풀이 함.

97. ○言○說   (,   )

[감언이설] 귀가 솔깃하도록 남의 비위를 맞추거나 이로운 조건을 내세워 꾀는 말.

98. 自○至○   (,   )

[자초지종] 처음부터 끝까지의 과정.

99. ○子○人   (,   )

[재자가인] 재주 있는 남자와 아름다운 여자.

100. ○火○親   (,   )

[등화가친] '등불을 가까이할 만하다'는 뜻으로, 가을밤은 등불을 가까이하여 글 읽기에 좋음을 이르는 말.

한자실력급수 자격시험 4급 연습문제 <5>

객관식 (1~30번)

※ [　]안의 한자와 음(소리)이 같은 한자는?

1. [去] ① 巨　② 修　③ 如　④ 巾

2. [更] ① 建　② 慶　③ 歷　④ 番

3. [間] ① 滿　② 禁　③ 看　④ 飯

4. [消] ① 究　② 數　③ 榮　④ 笑

5. [精] ① 庭　② 淸　③ 宅　④ 期

※ [　]안의 한자와 뜻이 비슷하거나 같은 한자는?

6. [爭] ① 齒　② 婚　③ 競　④ 列

7. [續] ① 連　② 脫　③ 井　④ 波

※ [　]안의 한자와 뜻이 반대되거나 상대되는 한자는?

8. [減] ① 丙　② 增　③ 希　④ 戌

9. [危] ① 伐　② 惡　③ 貨　④ 安

※ <보기>의 단어들과 가장 관련이 깊은 한자는?

10. <보기> 반짇고리　실　골무

　　① 辰　② 尾　③ 針　④ 冊

11. <보기> 매미　귀뚜라미　모기

　　① 酉　② 蟲　③ 佛　④ 寅

12. <보기> 논두렁　전원　외양간

　　① 聲　② 絲　③ 申　④ 鄕

※ [　] 안의 단어를 한자로 알맞게 바꿔 쓴 것은?

13. 선생님께서는 글을 [세밀]하게 검토하셨다.

　　① 世密　② 洗密　③ 細密　④ 稅密

14. 한자 시험에 [응시]하여 좋은 결과를 거두었다.

　　① 應市　② 應時　③ 應始　④ 應試

15. 형제는 사소한 [시비]로 인하여 우애가 상하였다.

　　① 是非　② 詩非　③ 是比　④ 詩比

※ [　] 안의 한자어의 독음(소리)으로 알맞은 것은?

16. [秩序] ① 순서 ② 일서 ③ 실서 ④ 질서

17. [隔差] ① 격차 ② 차이 ③ 간격 ④ 격치

18. [勤勉] ① 근태 ② 근면 ③ 근력 ④ 근육

19. [價値] ① 가치 ② 가중 ③ 가직 ④ 가격

20. [慈悲] ① 시비 ② 사비 ③ 자비 ④ 심비

※ 주어진 뜻에 알맞은 한자어는?

21. 지하자원 따위가 땅속에 묻히어 있음.

① 埋藏 ② 革命 ③ 莊園 ④ 經濟

22. 두 편이 서로 좋도록 알맞게 조화시켜 협의함.

① 實踐 ② 妥協 ③ 脈絡 ④ 描寫

23. 낱말을 모아 일정한 순서로 배열해 해설한 책.

① 臺本 ② 模倣 ③ 矜持 ④ 辭典

24. 영리를 얻기 위해 재화나 용역을 생산하고 판매하는 조직.

① 散策 ② 朋黨 ③ 機智 ④ 企業

25. 용액 따위의 진함과 묽음의 정도.

① 葛藤 ② 條約 ③ 濃度 ④ 導體

※ [　] 안에 들어갈 한자어로 알맞은 것은?

26. 반장을 뽑기 위해 [　]을/를 하였다.

① 可採 ② 隨筆 ③ 投票 ④ 免疫

27. [　]와 공급의 균형을 맞추었다.

① 儉素 ② 志操 ③ 需要 ④ 顚倒

28. 울릉도에는 독특한 모양의 [　]이 많다.

① 巖石 ② 輸入 ③ 維新 ④ 含蓄

29. [　]을 여러 회 거듭할수록 그의 연기는 더욱 훌륭해졌다.

① 紐帶 ② 公演 ③ 象徵 ④ 氣團

30. 문제를 해결하기 위해서는 원인에 대한 철저한 [　]이 필요하다.

① 放縱 ② 抵抗 ③ 寬容 ④ 分析

한자실력급수 자격시험 4급 연습문제 <5>

주관식 (31~100번)

※ 한자의 훈(뜻)과 음(소리)을 한글로 쓰시오.

31. 退 (   )

32. 判 (   )

33. 解 (   )

34. 取 (   )

35. 乙 (   )

36. 尊 (   )

37. 停 (   )

38. 衆 (   )

39. 浴 (   )

40. 敵 (   )

※ 훈과 음에 맞는 한자를 <보기>에서 찾아 쓰시오.

<보기>	救 松 呼 怒 處 獨 烈 收 盛 受

41. 성낼   노 (   )

42. 성할   성 (   )

43. 소나무 송 (   )

44. 매울   렬 (   )

45. 거둘   수 (   )

46. 구원할 구 (   )

47. 홀로   독 (   )

48. 부를   호 (   )

49. 받을   수 (   )

50. 곳   처 (   )

※ 한자어의 독음을 한글로 쓰시오.

51. 祝祭 (   )

52. 變則 (   )

53. 移植 (   )

54. 製品 (   )

55. 吉兆 (   )

56. 有益 (   )

57. 舊面 (   )

58. 書藝 (   )

59. 山寺 (   )

60. 若干 (   )

61. 拾得 (   )

62. 假說 (   )

63. 依存 (   )

64. 窓戶 (   )

65. 防止 (   )

66. 快活 (   )

67. 休務 (   )

※ 〈보기〉의 뜻을 참고하여 ○안에 공통으로 들어갈 한자를 쓰시오.

68. (1) 同○   (2) ○富   (   )

| 〈보기〉 | (1) 나이가 같은 사람.
(2) 첫째가는 큰 부자. |

69. (1) ○亡   (2) ○味   (   )

| 〈보기〉 | (1) 잘되어 일어남과 못되어 없어짐.
(2) 흥을 느끼는 재미. |

70. (1) 報○   (2) ○惠   (   )

| 〈보기〉 | (1) 은혜를 갚음.
(2) 고맙게 베풀어 주는 신세나 혜택. |

※ ○ 안에 공통으로 들어갈 한자를 〈보기〉에서 찾아 쓰시오.

| 〈보기〉 | 接   勢   問   想   走 |

71. ○行   力○   ○者   (   )

72. ○念   思○   感○   (   )

73. 權○   病○   大○   (   )

한자실력급수 자격시험 **4급** 연습문제 〈5〉

※ 문장에서 잘못 쓴 한자를 바르게 고쳐 쓰시오. (단, 음이 같은 한자로 고칠 것)

74. 복잡하고 어려운 일이라도 短純하게 생각하면 풀릴 수 있다고 생각한다.
(→)

75. 꽃잎은 藥才로 사용되기도 한다.
(→)

※ [ ]안의 단어를 한자로 쓰시오.

76. 우리 [부부]는 결혼기념일마다 사진관에 가서 기념사진을 찍는다. ( )

77. 이번 전시회에는 유명 [화가]들의 작품이 전시되었다. ( )

78. 눈이 오고 난 뒤에 겨울 산의 [경관]이 매우 아름답다. ( )

79. 괘종시계는 좌우로 [왕복]하는 흔들이를 가지고 있다. ( )

80. 이번 심사에서 실력을 [인정]받았다.
( )

※ [ ]안의 한자어 독음을 한글로 쓰시오.

81. 이번 방학에는 [推薦] 도서를 읽어 볼 계획이다. ( )

82. 그는 음악에 [天賦]적인 소질을 가졌다.
( )

83. 인터넷의 [匿名性]을 악용하는 사례가 많아지고 있다. ( )

84. [地震]으로 인하여 건물이 흔들렸다.
( )

85. 우리나라는 성인이 되면 누구나 투표할 수 있는 [普通選擧]를 실시한다.
( )

86. 많은 과학자들이 [尖端] 기술 개발에 노력하고 있다. ( )

87. 그의 세심한 [配慮]에 따뜻한 인간미를 느낀다. ( )

88. 이 상품은 오늘부터 내일까지만 [販賣]한다. ( )

89. [血緣]을 따지지 않는 공정한 인재 선발이 이루어져야 한다. (   )

90. [隱語]는 세대 간의 의사소통에 큰 걸림돌이다. (   )

91. 올해는 일조량이 부족하여 [施設作物]의 피해가 매우 크다. (   )

92. 외국어를 공부할 때 사람들은 이구동성으로 [慣用表現]이 가장 어렵다고 한다. (   )

93. 그는 [餘暇]를 활용하여 취미 생활을 즐긴다. (   )

94. [考證學]에 기반을 둔 그의 학문은 실제의 증거를 매우 중요시한다. (   )

95. 인터넷 [揭示板]에 다양한 의견이 올라왔다. (   )

※ 한자성어의 설명을 읽고 ○안에 들어갈 한자를 <보기>에서 찾아 차례대로 쓰시오.

<보기> 寸 丹 聖 讀 辛 片 代 耕 千 陰

96. 太平○○   (,   )

[태평성대] 어진 임금이 잘 다스리어 태평한 세상이나 시대.

97. 一○○心   (,   )

[일편단심] '한 조각의 붉은 마음'이라는 뜻으로 진심에서 우러나는 변치 아니하는 마음.

98. 一○光○   (,   )

[일촌광음] 매우 짧은 동안의 시간.

99. 晝○夜○   (,   )

[주경야독] 어려운 여건에서 꿋꿋이 공부함.

100. ○○萬苦   (,   )

[천신만고] 천 가지 매운 것과 만 가지 쓴 것이라는 뜻으로, 온갖 어려운 고비를 다 겪으며 심하게 고생함을 이르는 말.

기출문제 1회

한자자격시험

※ 정답은 별도 배부한 OCR답안지에 작성함

급 수	**4급**		
문항수	100	객관식	30
		주관식	70
시험시간	60분		

성 명

수험번호

수험생 유의사항

1. 수험표에 표기된 응시급수와 문제지의 급수가 같은지 확인하시오.
2. 답안지에 **성명, 수험번호, 생년월일을 정확하게 표기**하시오.
3. 답안지의 주·객관식 답안란에는 검정색펜을 사용하시오.
4. 답안지의 **객관식 답안의 수정은 수정테이프** 만을 사용하시오.
5. 답안지의 주관식 답안의 수정은 두 줄로 긋고 다시 작성하시오.
6. 수험생의 잘못으로 인해 **답안지에 이물질이 묻거나, 객관식 답안에 복수로 표기할 경우 오답으로 처리**되니 주의하시오.
7. 감독관의 지시가 있을 때까지 문제를 풀지 마시오.
8. 시험 종료 후에는 필기도구를 내려놓고 감독관의 지시를 따르시오.

한자실력급수 자격시험 4급 기출문제 〈1〉

객관식 (1~30번)

※ [ ]안의 한자와 음(소리)이 같은 한자는?
1. [單] ① 烈 ② 練 ③ 端 ④ 務
2. [競] ① 庚 ② 其 ③ 移 ④ 兆
3. [認] ① 受 ② 處 ③ 引 ④ 爲
4. [句] ① 壬 ② 申 ③ 寺 ④ 舊
5. [收] ① 快 ② 修 ③ 均 ④ 雄

※ [ ]안의 한자와 뜻이 비슷하거나 같은 한자는?
6. [授] ① 妙 ② 骨 ③ 陸 ④ 與
7. [偉] ① 大 ② 溪 ③ 否 ④ 卯

※ [ ]안의 한자와 뜻이 반대되거나 상대되는 한자는?
8. [陰] ① 悲 ② 齒 ③ 陽 ④ 請
9. [非] ① 舌 ② 是 ③ 往 ④ 鼻

※ 〈보기〉의 단어들과 가장 관련이 깊은 한자는?
10. 〈보기〉 지하수 물동이 두레박
    ① 甲 ② 乃 ③ 私 ④ 井
11. 〈보기〉 실험 돋보기 망원경
    ① 察 ② 乾 ③ 街 ④ 佛
12. 〈보기〉 소방차 구급차 경찰차
    ① 盛 ② 危 ③ 婚 ④ 慶

※ [ ]안의 단어를 한자로 알맞게 바꿔 쓴 것은?
13. 지팡이에 몸을 [의지]하였다.
    ① 防止 ② 中指 ③ 遺志 ④ 依支
14. 올해 매화 [축제] 시기가 앞당겨졌다.
    ① 己巳 ② 特惠 ③ 祝祭 ④ 語尾
15. 이번 대회 승리의 [영광]을 차지했다.
    ① 榮光 ② 增便 ③ 呼名 ④ 有限

※ [ ]안의 한자어의 독음(소리)으로 알맞은 것은?
16. [細胞] ① 야포 ② 대포 ③ 분포 ④ 세포
17. [可採] ① 가능 ② 가채 ③ 가수 ④ 가당
18. [矜持] ① 긍지 ② 금지 ③ 금대 ④ 긍대
19. [縮尺] ① 숙적 ② 숙척 ③ 축척 ④ 축적
20. [莊園] ① 장원 ② 상원 ③ 초원 ④ 사원

※ 주어진 뜻에 알맞은 한자어는?
21. 성품과 행실이 높고 맑으며, 탐욕이 없음.
    ① 淸廉 ② 葛藤 ③ 輿論 ④ 背景
22. 습관적으로 늘 씀. 또는 그렇게 쓰는 것.
    ① 維新 ② 根據 ③ 慣用 ④ 恐慌
23. 생각한 바를 실제로 행함.
    ① 餘暇 ② 實踐 ③ 企業 ④ 巖石
24. 인간의 물질적 욕구에 비하여 그 충족 수단이 제한되어 있거나 부족한 상태.
    ① 揭示板   ② 副都心
    ③ 朔望月   ④ 稀少性
25. 국가 권력을 개인이 장악하여 민의나 법률에 제약을 받지 않고 실시하는 정치.
    ① 司法府   ② 考證學
    ③ 專制政治 ④ 排他主義

※ [ ] 안에 들어갈 한자어로 알맞은 것은?
26. [   ]이 풍부한 사람을 '걸어 다니는 백과사전'이라고 부르기도 한다.
    ① 抵抗 ② 追憶 ③ 肯定 ④ 常識
27. 원래의 목적과 수단이 [   ]되어버렸다.
    ① 顚倒 ② 濃度 ③ 配慮 ④ 價値
28. 경쟁력을 높이기 위해 신기술 개발에 계속 [   ]해야 한다.
    ① 寡占 ② 象徵 ③ 投資 ④ 免疫
29. [   ]는 눈으로 보거나 마음으로 느끼는 것 등을 객관적으로 표현함을 말한다.
    ① 函數 ② 納稅 ③ 比喩 ④ 描寫
30. 날마다 쓰는 일기도 [   ]의 한 갈래이다.
    ① 責任 ② 隨筆 ③ 尊嚴 ④ 導體

주관식 (31~100번)

※ 한자의 훈(뜻)과 음(소리)을 한글로 쓰시오.

31. 官 (　　　　　)
32. 忘 (　　　　　)
33. 希 (　　　　　)
34. 律 (　　　　　)
35. 松 (　　　　　)
36. 散 (　　　　　)
37. 遇 (　　　　　)
38. 衆 (　　　　　)
39. 獨 (　　　　　)
40. 誤 (　　　　　)

※ 훈과 음에 맞는 한자를 〈보기〉에서 찾아 쓰시오.

〈보기〉	弓　干　布　坐　若　徒　波　佳　拜　將

41. 방패　간 (　　　　　)
42. 무리　도 (　　　　　)
43. 앉을　좌 (　　　　　)
44. 베　　포 (　　　　　)
45. 장수　장 (　　　　　)
46. 아름다울 가 (　　　　　)
47. 활　　궁 (　　　　　)
48. 물결　파 (　　　　　)
49. 절　　배 (　　　　　)
50. 만약　약 (　　　　　)

※ 한자어의 독음을 한글로 쓰시오.

51. 入浴 (　　　　　)
52. 順番 (　　　　　)
53. 精誠 (　　　　　)
54. 時針 (　　　　　)
55. 合唱 (　　　　　)
56. 退去 (　　　　　)
57. 過密 (　　　　　)
58. 達成 (　　　　　)
59. 鮮明 (　　　　　)
60. 節次 (　　　　　)

61. 房門 (　　　　　)
62. 救出 (　　　　　)
63. 丙寅 (　　　　　)
64. 旅行 (　　　　　)
65. 統一 (　　　　　)
66. 公益 (　　　　　)
67. 答訪 (　　　　　)

※ 〈보기〉의 뜻을 참고하여 ○안에 공통으로 들어갈 한자를 쓰시오.

68. ⑴ 爭○　　⑵ ○消　　(　　　　　)

〈보기〉	⑴ 힘들게 싸워서 바라던 바를 얻음. ⑵ 어떤 계획이나 일정, 말 따위를 없었던 것으로 함.

69. ⑴ 印○　　⑵ ○黃　　(　　　　　)

〈보기〉	⑴ 도장을 찍는 데 쓰는 붉은빛의 재료. ⑵ 붉은빛과 누른빛을 섞은 빛깔.

70. ⑴ ○談　　⑵ 世○　　(　　　　　)

〈보기〉	⑴ 예로부터 민간에 전하여 오는 쉬운 격언이나 잠언. ⑵ 세상의 일반적인 풍속.

※ ○안에 공통으로 들어갈 한자를 〈보기〉에서 찾아 쓰시오.

〈보기〉	得　停　着　恩　最

71. 聖○　　○師　　謝○品　(　　　　　)
72. 調○　　○止　　急○車　(　　　　　)
73. 拾○　　○勢　　所○稅　(　　　　　)

※ 문장에서 잘못 쓴 한자를 바르게 고쳐 쓰시오. (단, 음이 같은 한자로 고칠 것)

74. 명절이면 考鄕을 찾아가는 사람들이 많아져 고속도로가 마비되기도 한다.
　　　　　　(　　　→　　　)

75. 정부가 효과적으로 세금을 거두기 위해 전국적인 好口조사를 실시했다.
　　　　　　(　　　→　　　)

※ [　　] 안의 단어를 한자로 쓰시오.

76. 새로운 제조 방법을 [**연구**]했다. (　　)
77. 학생들의 장학기금 마련을 위해 [**거금**]을 내어 놓았다. (　　)
78. 무분별한 [**벌목**] 때문에 삼림이 파괴되었다. (　　)
79. 우리 문화재를 아끼고 [**보존**]해야 한다. (　　)
80. 당시에 찍어둔 사진들을 꺼내보며 그 시절을 [**회상**]했다. (　　)

※ [　　] 안의 한자어 독음을 한글로 쓰시오.

81. 오늘 수업은 [地層]과 화석에 관한 내용이었다. (　　)
82. '말모이'는 우리나라 국어 [辭典]의 출발점이 된 원고라고 할 수 있다. (　　)
83. 검사는 피의자가 도주할 우려가 있다고 판단하여 구속[令狀]을 신청했다. (　　)
84. 이 사업은 관련 업체와 [連帶]가 잘 이루어져야만 성공할 수 있다. (　　)
85. 우리나라는 계절마다 각각 다른 [氣團]의 영향을 받는다. (　　)
86. 선생님과 함께 유적지를 [踏査]했다. (　　)
87. 새로운 제도 시행에 대한 찬반 [投票]를 실시했다. (　　)
88. 이 그림책은 유아의 [情緒] 발달에 도움을 준다고 한다. (　　)
89. 이 시어에는 여러 가지 의미가 [含蓄]되어 있다. (　　)
90. 백화점에서는 다양한 종류의 물건을 [販賣]한다. (　　)

91. 오늘 경기가 [突然] 취소되었다. (　　)
92. [裁判]에서 무죄를 선고받았다. (　　)
93. 달은 태양의 빛을 [反射]하여 빛을 낸다. (　　)
94. 이번 주의 [推薦]도서 목록을 살펴보았다. (　　)
95. 대화와 [妥協]을 통해 갈등을 풀어나가야 한다. (　　)

※ 한자성어의 설명을 읽고 ○ 안에 들어갈 한자를 〈보기〉에서 찾아 차례대로 쓰시오.

〈보기〉　一 人 火 走 辛 丹 苦 看 眼 燈

96. ○○可親　　　(　　,　　)

[**등화가친**] 등불을 가까이할 만하다는 뜻으로, 서늘한 가을밤은 등불을 가까이 하여 글 읽기에 좋음을 이름.

97. ○下無○　　　(　　,　　)

[**안하무인**] 눈 아래 사람이 없다는 뜻으로, 방자하고 교만하여 다른 사람을 업신여김을 이름.

98. 千○萬○　　　(　　,　　)

[**천신만고**] 천 가지 매운 것과 만 가지 쓴 것이라는 뜻으로, 온갖 어려운 고비를 다 겪으며 심하게 고생함을 이름.

99. ○片○心　　　(　　,　　)

[**일편단심**] 한 조각의 붉은 마음이라는 뜻으로, 진심에서 우러나오는 변치 아니하는 마음을 이름.

100. ○馬○山　　　(　　,　　)

[**주마간산**] 말을 타고 달리며 산천을 구경한다는 뜻으로, 자세히 살피지 아니하고 대충대충 보고 지나감을 이름.

- 수고하셨습니다 -

기출문제 2회

한자자격시험

※ 정답은 별도 배부한 OCR답안지에 작성함

급 수	**4급**		
문항수	100	객관식	30
		주관식	70
시험시간	60분		

성 명	
수험번호	- - -

수험생 유의사항

1. 수험표에 표기된 응시급수와 문제지의 급수가 같은지 확인하시오.
2. 답안지에 **성명, 수험번호, 생년월일을 정확하게 표기**하시오.
3. 답안지의 주·객관식 답안란에는 검정색펜을 사용하시오.
4. 답안지의 **객관식 답안의 수정은 수정테이프** 만을 사용하시오.
5. 답안지의 주관식 답안의 수정은 두 줄로 긋고 다시 작성하시오.
6. 수험생의 잘못으로 인해 **답안지에 이물질이 묻거나, 객관식 답안에 복수로 표기할 경우 오답으로 처리**되니 주의하시오.
7. 감독관의 지시가 있을 때까지 문제를 풀지 마시오.
8. 시험 종료 후에는 필기도구를 내려놓고 감독관의 지시를 따르시오.

한자실력급수 자격시험 4급 기출문제 〈2〉

객관식 (1~30번)

※ [　] 안의 한자와 음(소리)이 같은 한자는?

1. [移] ① 其 ② 偉 ③ 異 ④ 針
2. [解] ① 害 ② 希 ③ 溪 ④ 貨
3. [丹] ① 朱 ② 酉 ③ 斗 ④ 端
4. [聖] ① 巳 ② 聲 ③ 榮 ④ 是
5. [巨] ① 眼 ② 陰 ③ 擧 ④ 癸

※ [　] 안의 한자와 뜻이 비슷하거나 같은 한자는?

6. [律] ① 筆 ② 法 ③ 減 ④ 浴
7. [惠] ① 授 ② 想 ③ 訪 ④ 恩

※ [　] 안의 한자와 뜻이 반대되거나 상대되는 한자는?

8. [集] ① 陸 ② 協 ③ 散 ④ 細
9. [順] ① 逆 ② 鮮 ③ 寺 ④ 悲

※ 〈보기〉의 단어들과 가장 관련이 깊은 한자는?

10. 〈보기〉 결혼　우승　잔치
    ① 伐 ② 慶 ③ 尾 ④ 怒

11. 〈보기〉 파　마늘　고추
    ① 久 ② 建 ③ 察 ④ 辛

12. 〈보기〉 킥킥　깔깔깔　하하하
    ① 笑 ② 耕 ③ 坐 ④ 井

※ [　] 안의 단어를 한자로 알맞게 바꿔 쓴 것은?

13. 사관[생도]들이 씩씩하게 행진하고 있다.
    ① 生道 ② 生徒 ③ 生都 ④ 生圖
14. 누구도 용맹한 그를 [대적]하지 못했다.
    ① 强敵 ② 宿敵 ③ 對敵 ④ 政敵
15. 이 도로는 주말이면 차량 통행이 [금지]된다.
    ① 禁止 ② 禁知 ③ 禁持 ④ 禁指

※ [　] 안의 한자어의 독음(소리)으로 알맞은 것은?

16. [恐慌] ① 강망 ② 범망 ③ 공황 ④ 당황
17. [恭敬] ① 경례 ② 절경 ③ 공손 ④ 공경
18. [脈絡] ① 경락 ② 맥락 ③ 추락 ④ 타락
19. [氣壓] ① 기후 ② 기상 ③ 기압 ④ 기합
20. [心象] ① 심상 ② 심금 ③ 심지 ④ 심란

※ 주어진 뜻에 알맞은 한자어는?

21. 하늘이 주었다는 뜻으로, 타고날 때부터 지님.
    ① 天賦 ② 辭典 ③ 比較 ④ 慣性
22. 하고 싶은 마음이 생기는 방향.
    ① 疏通 ② 公演 ③ 趣向 ④ 模倣
23. 용액 따위의 진함과 묽음의 정도.
    ① 超過 ② 隱語 ③ 顚倒 ④ 濃度
24. 말의 뜻을 구별하여 주는 소리의 가장 작은 단위.
    ① 隔差 ② 音韻 ③ 抵抗 ④ 消費
25. 경우에 따라 재치 있게 대응하는 지혜.
    ① 機智 ② 踏査 ③ 販賣 ④ 投資

※ [　] 안에 들어갈 한자어로 알맞은 것은?

26. 교칙의 개정에 대한 [　] 조사를 실시하였다.
    ① 實踐 ② 輿論 ③ 常識 ④ 矜持
27. 공연을 앞두고 배우들이 각자 [　]을 읽으며 연습하고 있다.
    ① 還穀 ② 含蓄 ③ 血緣 ④ 臺本
28. 검찰이 법을 공정하게 집행해야 법 [　]를 확립할 수 있다.
    ① 描寫 ② 連帶 ③ 秩序 ④ 反射
29. 동전을 던져서 앞면이 나올 [　]은 50%이다.
    ① 確率 ② 縮尺 ③ 推薦 ④ 企業
30. 평소 용돈을 아껴서 꾸준히 은행에 [　]을 하였다.
    ① 輸入 ② 預金 ③ 選擇 ④ 豫見

주관식 (31~100번)

※ 한자의 훈(뜻)과 음(소리)을 한글로 쓰시오.

31. 判 (   )
32. 尊 (   )
33. 飯 (   )
34. 街 (   )
35. 蟲 (   )
36. 鼻 (   )
37. 看 (   )
38. 印 (   )
39. 興 (   )
40. 續 (   )

※ 훈과 음에 맞는 한자를 〈보기〉에서 찾아 쓰시오.

〈보기〉	稅 拾 防 雄 處 景 脫 乾 暴 婚

41. 주을   습 (   )
42. 볕   경 (   )
43. 수컷   웅 (   )
44. 사나울 폭 (   )
45. 벗을   탈 (   )
46. 세금   세 (   )
47. 혼인할 혼 (   )
48. 곳   처 (   )
49. 막을   방 (   )
50. 마를   건 (   )

※ 한자어의 독음을 한글로 쓰시오.

51. 適當 (   )
52. 親舊 (   )
53. 調節 (   )
54. 及第 (   )
55. 依存 (   )
56. 變動 (   )
57. 禮遇 (   )
58. 權利 (   )
59. 遺言 (   )
60. 申請 (   )
61. 接受 (   )
62. 單純 (   )
63. 私席 (   )
64. 感謝 (   )
65. 傳承 (   )
66. 最近 (   )
67. 密談 (   )

※ 〈보기〉의 뜻을 참고하여 ○안에 공통으로 들어갈 한자를 쓰시오.

68. ⑴ 別○   ⑵ ○房   (   )

〈보기〉	⑴ 따로 엮어 만든 책. ⑵ 책을 파는 가게.

69. ⑴ ○安   ⑵ 統○   (   )

〈보기〉	⑴ 나라를 편안하게 잘 다스림. ⑵ 나라나 지역을 도맡아 다스림.

70. ⑴ ○名   ⑵ ○面   (   )

〈보기〉	⑴ 실제 자기 이름이 아닌 이름. ⑵ 얼굴을 감추거나 달리 꾸미려고 얼굴에 쓰는 물건.

※ ○ 안에 공통으로 들어갈 한자를 〈보기〉에서 찾아 쓰시오.

〈보기〉	練　妙　務　倫　將

71. ○理   人○   五○   (   )
72. ○習   訓○   修○   (   )
73. 休○   義○   事○室   (   )

※ 문장에서 잘못 쓴 한자를 바르게 고쳐 쓰시오. (단, 음이 같은 한자로 고칠 것)

74. 일찍 자고 일찍 일어나는 것이 美用에 좋다.   (→   )

75. 긴급 환자가 발생하여 병원에서 그를 급히 戶出하였다.   (→   )

※ [　]안의 단어를 한자로 쓰시오.

76. 친구와 달리기 [경주]를 하였다. (　)

77. 그는 호남지역의 [갑부]로 유명했다. (　)

78. 공연이 끝나자 관객들이 모두 [기립] 박수를 쳤다. (　)

79. 이 옷은 [보온]이 잘 되서 따뜻하다. (　)

80. 누나는 평소 책을 읽다가 마음에 드는 [문구]를 따로 메모해 두는 습관이 있다. (　)

※ [　]안의 한자어 독음을 한글로 쓰시오.

81. 내 동생은 매사에 [肯定]적이다. (　)

82. 발표자의 주장에는 타당한 [根據]가 있었다. (　)

83. 방금 보고 들은 일을 친구에게 [誇張]없이 있는 그대로 말해주었다. (　)

84. 우리나라는 광복한 지 얼마 지나지 않아 남북으로 [分斷]되어 전쟁까지 치르는 아픈 경험을 했다. (　)

85. 최선의 방법을 찾기 위해 친구들과 자주 [討議]를 했다. (　)

86. 서로 이해하고 [配慮]하는 자세가 중요하다. (　)

87. [葛藤]을 해결하기 위해서는 마음을 열고 대화를 시작해야한다. (　)

88. 그는 자신이 기억하고 있던 내용을 차분히 [敍述]했다. (　)

89. 오늘은 수학시간에 [函數]에 대해서 배웠다. (　)

90. 가족사진 앨범을 보니 어렸을 때 [追憶]들이 떠올랐다. (　)

91. 이번 [條約]이 각 나라 간의 상생과 협력에 큰 도움이 되기를 바란다. (　)

92. '물안개'는 두 개의 [形態素]로 이루어진 단어이다. (　)

93. 상품에 대한 [需要]를 스스로 창출해낼 수 있는 기업은 흔치 않다. (　)

94. 컴퓨터와 스마트폰 사용량이 늘어나면서 '거북목 [症候群]'을 겪는 환자가 많아지고 있다. (　)

95. 교통시설과 항만이 발달한 도시는 [中繼貿易]을 하기에 유리하다. (　)

※ 한자성어의 설명을 읽고 ○안에 들어갈 한자를 〈보기〉에서 찾아 차례대로 쓰시오.

| 〈보기〉 | 故 齒 讀 風 觀 角 竹 若 波 經 |

96. 明 ○ ○ 火　(　,　)

[명약관화] '불을 보듯이 밝게 보인다'는 뜻으로, 더 말할 나위 없이 명백함을 이름.

97. 牛 耳 ○ ○　(　,　)

[우이독경] '쇠귀에 경 읽기'라는 뜻으로, 아무리 가르치고 일러 주어도 알아듣지 못함을 이름.

98. ○ 馬 ○ 友　(　,　)

[죽마고우] '대말을 타고 놀던 벗'이라는 뜻으로, 어릴 때부터 같이 놀며 자란 벗을 이름.

99. 平 地 ○ ○　(　,　)

[평지풍파] '평온한 자리에서 일어나는 풍파'라는 뜻으로, 뜻밖에 분쟁이 일어남을 이름.

100. ○ 者 無 ○　(　,　)

[각자무치] '뿔이 있는 짐승은 이가 없다'는 뜻으로, 한 사람이 여러 가지 재주나 복을 다 가질 수 없음을 이름.

- 수고하셨습니다 -

기출문제 3회

한자자격시험

※ 정답은 별도 배부한 OCR답안지에 작성함

급 수	**4급**		성 명					
문항수	100	객관식 30 주관식 70	수 험 번 호		-		-	-	
시험시간	60분							

수험생 유의사항

1. **수험표에 표기된 응시급수와 문제지의 급수가 같은지 확인**하시오.
2. 답안지에 **성명, 수험번호, 생년월일을 정확하게 표기**하시오.
3. 답안지의 주·객관식 답안란에는 검정색펜을 사용하시오.
4. 답안지의 **객관식 답안의 수정은 수정테이프** 만을 사용하시오.
5. 답안지의 주관식 답안의 수정은 두 줄로 긋고 다시 작성하시오.
6. 수험생의 잘못으로 인해 **답안지에 이물질이 묻거나, 객관식 답안에 복수로 표기할 경우 오답으로 처리**되니 주의하시오.
7. 감독관의 지시가 있을 때까지 문제를 풀지 마시오.
8. 시험 종료 후에는 필기도구를 내려놓고 감독관의 지시를 따르시오.

한자실력급수 자격시험 4급 기출문제 <3>

객관식 (1~30번)

※ [ ] 안의 한자와 음(소리)이 같은 한자는?

1. [祭] ① 巨 ② 除 ③ 兆 ④ 衆
2. [單] ① 怒 ② 斗 ③ 連 ④ 短
3. [戶] ① 湖 ② 骨 ③ 興 ④ 貨
4. [其] ① 巳 ② 己 ③ 救 ④ 及
5. [認] ① 旅 ② 壬 ③ 因 ④ 依

※ [ ] 안의 한자와 뜻이 비슷하거나 같은 한자는?

6. [朱] ① 丹 ② 誤 ③ 偉 ④ 領
7. [聽] ① 元 ② 停 ③ 問 ④ 聞

※ [ ] 안의 한자와 뜻이 반대되거나 상대되는 한자는?

8. [加] ① 增 ② 着 ③ 減 ④ 察
9. [尾] ① 政 ② 首 ③ 遺 ④ 德

※ <보기>의 단어들과 가장 관련이 깊은 한자는?

10. <보기> 눈 코 입
    ① 律 ② 忘 ③ 禁 ④ 容

11. <보기> 입 맛 발음
    ① 弓 ② 舌 ③ 訪 ④ 拜

12. <보기> 비누 거품 수건
    ① 笑 ② 申 ③ 浴 ④ 榮

※ [ ] 안의 단어를 한자로 알맞게 바꿔 쓴 것은?

13. 며칠 동안 [충치]로 심하게 고생을 했다.
    ① 蟲齒 ② 蟲治 ③ 忠齒 ④ 忠治
14. 그 산의 [계곡]에는 구름다리가 놓여 있다.
    ① 季谷 ② 溪曲 ③ 季曲 ④ 溪谷
15. 그는 밀린 일을 하느라 [정신]없이 바쁘다.
    ① 精神 ② 井神 ③ 精信 ④ 井信

※ [ ] 안의 한자어의 독음(소리)으로 알맞은 것은?

16. [抵抗] ① 개항 ② 지항 ③ 타항 ④ 저항
17. [企業] ① 상업 ② 기업 ③ 공업 ④ 실업
18. [背景] ① 등경 ② 위경 ③ 배경 ④ 북경
19. [金融] ① 금융 ② 융통 ③ 금통 ④ 융숭
20. [維新] ① 쇄친 ② 쇄신 ③ 유친 ④ 유신

※ 주어진 뜻에 알맞은 한자어는?

21. 게으르고 느림.
    ① 尊嚴 ② 矜持 ③ 懶怠 ④ 脈絡
22. 곧은 뜻과 굳은 마음.
    ① 志操 ② 追憶 ③ 隨筆 ④ 天賦
23. 특수한 집단이나 계층 또는 사회에서 남이 모르게 자기네끼리만 쓰는 말.
    ① 臺本 ② 隱語 ③ 函數 ④ 音韻
24. 물체가 순간의 상태를 계속 유지하려는 속성.
    ① 令狀 ② 比較 ③ 誇張 ④ 慣性
25. 소수의 기업이 어떤 상품 시장의 대부분을 지배하는 상태.
    ① 預金 ② 超過 ③ 寡占 ④ 販賣

※ [ ] 안에 들어갈 한자어로 알맞은 것은?

26. 우리는 [ ] 관계가 아니지만 그에게서 친족과 같은 정을 느꼈다.
    ① 勤勉 ② 血緣 ③ 干拓 ④ 條約
27. 계층간 소득 [ ]의 심화는 사회 갈등 문제로 이어진다.
    ① 隔差 ② 恭敬 ③ 肯定 ④ 濃度
28. 전 세계 원유의 [ ] 분포는 지역적으로 매우 불균등하다.
    ① 根據 ② 分斷 ③ 埋藏 ④ 配慮
29. 다보탑은 [ ] 제20호이다.
    ① 朋黨 ② 辭典 ③ 敍述 ④ 國寶
30. [ ]을/를 관람할 때는 휴대전화를 끄는 것이 좋다.
    ① 汚染 ② 公演 ③ 巖石 ④ 消費

주관식 (31~100번)

※ 한자의 훈(뜻)과 음(소리)을 한글로 쓰시오.

31. 陰 (　　　　)
32. 滿 (　　　　)
33. 指 (　　　　)
34. 與 (　　　　)
35. 非 (　　　　)
36. 益 (　　　　)
37. 建 (　　　　)
38. 適 (　　　　)
39. 節 (　　　　)
40. 藝 (　　　　)

※ 훈과 음에 맞는 한자를 〈보기〉에서 찾아 쓰시오.

〈보기〉	逆 列 起 想 耕 陸 接 鮮 久 眼

41. 오랠　구 (　　　　)
42. 벌일　렬 (　　　　)
43. 생각　상 (　　　　)
44. 눈　　안 (　　　　)
45. 이을　접 (　　　　)
46. 일어날 기 (　　　　)
47. 뭍　　륙 (　　　　)
48. 거스를 역 (　　　　)
49. 고울　선 (　　　　)
50. 밭갈　경 (　　　　)

※ 한자어의 독음을 한글로 쓰시오.

51. 癸酉 (　　　　)
52. 辛卯 (　　　　)
53. 達觀 (　　　　)
54. 熱情 (　　　　)
55. 脫出 (　　　　)
56. 處所 (　　　　)
57. 判定 (　　　　)
58. 端正 (　　　　)
59. 應答 (　　　　)
60. 舊官 (　　　　)

61. 受取 (　　　　)
62. 收拾 (　　　　)
63. 請婚 (　　　　)
64. 謝罪 (　　　　)
65. 雄大 (　　　　)
66. 理解 (　　　　)
67. 歌唱力 (　　　　)

※ 〈보기〉의 뜻을 참고하여 ○안에 공통으로 들어갈 한자를 쓰시오.

68. (1) ○味　　(2) ○技　　(　　　　)

〈보기〉	(1) 미묘한 재미나 흥취. (2) 교묘한 기술과 재주.

69. (1) ○鄕　　(2) 事○　　(　　　　)

〈보기〉	(1) 자기가 태어나서 자란 곳. (2) 뜻밖에 일어난 불행한 일.

70. (1) ○度　　(2) 時○　　(　　　　)

〈보기〉	(1) 일정한 정도. 또는 한정된 정도. (2) 일정한 동안의 끝을 정한 때.

※ ○ 안에 공통으로 들어갈 한자를 〈보기〉에서 찾아 쓰시오.

〈보기〉	走　建　針　細　徒

71. ○密　○雨　明○表　(　　　　)
72. 完○　競○　○行　(　　　　)
73. 分○　方○　○葉樹　(　　　　)

※ 문장에서 잘못 쓴 한자를 바르게 고쳐 쓰시오. (단, 음이 같은 한자로 고칠 것)

74. 速談에는 우리 조상들의 재치와 지혜가 담겨 있다. (　　→　　)

75. 아버님께 安部을/를 전해 주세요.
　　　　　　　　　　　(　　→　　)

※ [ ]안의 단어를 한자로 쓰시오.

76. 이 반지는 [순금]으로 만들었다. ( )

77. 그의 정성스러운 [간병]으로 어머니가 건강을 되찾았다. ( )

78. 철새들은 계절에 맞춰 [이동]한다. ( )

79. 이번 사태가 매우 [위급]하다. ( )

80. 아이들은 서로 [협동]하여 교실 청소를 했다. ( )

※ [ ]안의 한자어 독음을 한글로 쓰시오.

81. 이 영화의 내용은 [宇宙]을/를 배경으로 진행되는 모험담이다. ( )

82. 그는 불쌍한 사람들에게 [慈悲]을/를 베풀었다. ( )

83. 사내 [福祉] 보장과 향상은 직원들의 사기와도 연관이 있다. ( )

84. 우리 집은 가족 간의 [紐帶]이/가 긴밀하다. ( )

85. 소뇌에 이상이 있는 환자들은 [平衡] 감각이 떨어진다. ( )

86. 국제화 시대에는 외국과의 [經濟] 협력이 중요하다. ( )

87. [地球村] 곳곳에 기상 이변으로 인한 피해가 발생하고 있다. ( )

88. 때로는 [模倣]을/를 통해 학습이 이루어질 수도 있다. ( )

89. [導體]인 은과 구리는 저항이 매우 작은 편이다. ( )

90. 비둘기는 평화의 [象徵](이)다. ( )

91. 책임이 따르지 않는 자유는 [放縱]이자 무질서이다. ( )

92. 유행어는 시대상을 [反映]한다. ( )

93. 기업은 대중의 [嗜好]에 맞추어 상품을 개발한다. ( )

94. 실험을 통해 식물의 잎의 수와 [蒸散作用]의 관계를 알아보았다. ( )

95. 공정한 재판을 위해 [司法府]의 독립이 보장되어 있다. ( )

※ 한자성어의 설명을 읽고 ○안에 들어갈 한자를 <보기>에서 찾아 차례대로 쓰시오.

<보기> 子 甘 重 房 擧 佳 得 復 將 獨

96. ○言○言 (,)

[중언부언] 이미 한 말을 자꾸 되풀이함.

97. 才○○人 (,)

[재자가인] 재주 있는 남자와 아름다운 여자.

98. 藥○○草 (,)

[약방감초] '약방의 감초'라는 뜻으로, 어떤 일에나 빠지지 않고 낌을 이르는 말.

99. ○不○軍 (,)

[독불장군] '혼자서는 장군을 할 수 없다'는 뜻으로 무슨 일이든 자기 생각대로 혼자서 처리하는 사람을 이르는 말.

100. 一○兩○ (,)

[일거양득] '하나를 들어 둘을 얻다'는 뜻으로, 한 가지 일로 두 가지의 이익을 얻음을 이르는 말.

- 수고하셨습니다 -

모범 답안

연습문제<1> 답안

[객관식]

1	④	6	②	11	③	16	①	21	③	26	④
2	②	7	②	12	②	17	④	22	④	27	②
3	①	8	④	13	①	18	②	23	②	28	④
4	③	9	②	14	②	19	③	24	②	29	②
5	①	10	①	15	④	20	③	25	③	30	①

[주관식]

31	정기 정	55	쾌락	79	滿足
32	살필 찰	56	신청	80	山城
33	슬플 비	57	객실	81	추천
34	코 비	58	묘기	82	익명성
35	가늘 세	59	허용	83	연대
36	절 배	60	존경	84	환경
37	물결 파	61	여부	85	지조
38	볼 간	62	유골	86	돌연변이
39	사사로울 사	63	경치	87	묘사
40	우물 정	64	소원	88	납세
41	律	65	접수처	89	기공
42	得	66	후미	90	검소
43	筆	67	장군	91	금융
44	印	68	祝	92	함축
45	好	69	保	93	함수
46	拾	70	冊	94	관용
47	朱	71	武	95	상식
48	酉	72	期	96	安, 席
49	舌	73	量	97	牛, 耳
50	雄	74	父→夫	98	若, 觀
51	한파	75	防→訪	99	竹, 故
52	단순	76	可能	100	權, 不
53	응시	77	內容		
54	가창	78	完成		

연습문제<2> 답안

[객관식]

1	①	6	②	11	③	16	②	21	④	26	②
2	②	7	①	12	①	17	③	22	③	27	③
3	①	8	①	13	①	18	①	23	③	28	③
4	④	9	④	14	①	19	①	24	①	29	④
5	①	10	②	15	④	20	③	25	③	30	①

[주관식]

31	혼인할 혼	55	금지	79	當番
32	밭갈 경	56	축제	80	針葉樹
33	절 사	57	영웅	81	초과
34	등잔 등	58	여객	82	제정일치
35	일어날 흥	59	상념	83	형태소
36	거스를 역	60	인정	84	국보
37	사례할 사	61	조절	85	박물관
38	얼음 빙	62	지지	86	반사
39	본받을 효	63	급제	87	수입
40	고를 균	64	수양	88	증후군
41	危	65	의존	89	질서
42	誤	66	경과	90	분단
43	判	67	제거	91	추억
44	官	68	名	92	체조
45	斗	69	笑	93	소비
46	陸	70	曲	94	지구촌
47	船	71	獨	95	박람회
48	聲	72	往	96	報, 恩
49	聽	73	唱	97	走, 看
50	紙	74	用→容	98	益, 善
51	정성	75	肉→育	99	平, 波
52	원칙	76	到達	100	角, 齒
53	최악	77	擧行		
54	사옥	78	名弓		

모범 답안

연습문제<3> 답안

[객관식]

1	③	6	④	11	②	16	②	21	①	26	③
2	④	7	①	12	①	17	③	22	②	27	①
3	②	8	④	13	②	18	①	23	④	28	④
4	③	9	③	14	②	19	④	24	③	29	②
5	②	10	②	15	④	20	③	25	④	30	③

[주관식]

31	이을 승	55	독창	79	旅行
32	일어날 기	56	설전	80	保溫
33	칠 벌	57	인하	81	책임
34	부처 불	58	교수	82	투표
35	바늘 침	59	성찰	83	재판
36	막을 방	60	취득	84	정서
37	더할 증	61	만발	85	배타주의
38	시골 향	62	욕실	86	수요
39	재주 예	63	희망	87	혁명
40	알 인	64	예우	88	복지
41	街	65	적수	89	유신
42	久	66	시구	90	불포화
43	卯	67	밀담	91	존엄
44	偉	68	遺	92	비율
45	乾	69	面	93	세포
46	葉	70	明	94	편서풍
47	晝	71	拜	95	보통선거
48	坐	72	最	96	文, 友
49	及	73	造	97	以, 治
50	探	74	若→弱	98	爲, 徒
51	청계	75	感→減	99	相, 爭
52	충치	76	眼科	100	甘, 草
53	휴무	77	巨金		
54	전등	78	往來		

연습문제<4> 답안

[객관식]

1	②	6	④	11	②	16	③	21	③	26	②
2	④	7	①	12	④	17	②	22	②	27	④
3	③	8	④	13	①	18	④	23	①	28	②
4	①	9	②	14	④	19	④	24	③	29	①
5	③	10	④	15	①	20	②	25	④	30	③

[주관식]

31	경사 경	55	문구	79	端正
32	덜 제	56	권리	80	適用
33	힘쓸 무	57	경주	81	분석
34	미칠 급	58	망조	82	관용
35	다스릴 치	59	시청	83	판매
36	닦을 수	60	방문	84	실천
37	재화 화	61	구식	85	강수량
38	조각 편	62	필승	86	반영
39	그릇될 오	63	평균	87	대중매체
40	무리 도	64	숙소	88	맥락
41	禁	65	계사	89	청렴
42	布	66	수여	90	타협
43	患	67	왕복	91	과장
44	恩	68	想	92	마찰력
45	察	69	手	93	면역
46	變	70	律	94	조경수역
47	線	71	精	95	표준어
48	異	72	問	96	重, 復
49	形	73	陸	97	甘, 利
50	最	74	新→申	98	初, 終
51	신혼	75	時→示	99	才, 佳
52	접대	76	幸福	100	燈, 可
53	해충	77	英雄		
54	역순	78	詩人		

연습문제<5> 답안

[객관식]

1	①	6	③	11	②	16	④	21	①	26	③
2	②	7	①	12	④	17	①	22	②	27	③
3	③	8	②	13	③	18	②	23	④	28	①
4	④	9	④	14	④	19	①	24	④	29	②
5	①	10	③	15	①	20	③	25	③	30	④

[주관식]

31	물러날 퇴	55	길조	79	往復
32	판단할 판	56	유익	80	認定
33	풀 해	57	구면	81	추천
34	가질 취	58	서예	82	천부
35	새 을	59	산사	83	익명성
36	높을 존	60	약간	84	지진
37	머무를 정	61	습득	85	보통선거
38	무리 중	62	가설	86	첨단
39	목욕할 욕	63	의존	87	배려
40	원수 적	64	창호	88	판매
41	怒	65	방지	89	혈연
42	盛	66	쾌활	90	은어
43	松	67	휴무	91	시설작물
44	烈	68	甲	92	관용표현
45	收	69	興	93	여가
46	救	70	恩	94	고증학
47	獨	71	走	95	게시판
48	呼	72	想	96	聖, 代
49	受	73	勢	97	片, 丹
50	處	74	短→單	98	寸, 陰
51	축제	75	才→材	99	耕, 讀
52	변칙	76	夫婦	100	千, 辛
53	이식	77	畫家		
54	제품	78	景觀		

모범 답안

기출문제<1> 답안

[객관식]

1	③	6	④	11	①	16	④	21	①	26	④
2	①	7	①	12	②	17	②	22	③	27	①
3	③	8	③	13	④	18	①	23	②	28	③
4	④	9	②	14	③	19	③	24	④	29	④
5	②	10	④	15	①	20	①	25	③	30	②

[주관식]

31	벼슬 관	55	합창	79	保存
32	잊을 망	56	퇴거	80	回想
33	바랄 희	57	과밀	81	지층
34	법 률	58	달성	82	사전
35	소나무 송	59	선명	83	영장
36	흩어질 산	60	절차	84	연대
37	만날 우	61	방문	85	기단
38	무리 중	62	구출	86	답사
39	홀로 독	63	병인	87	투표
40	그릇될 오	64	여행	88	정서
41	干	65	통일	89	함축
42	徒	66	공익	90	판매
43	坐	67	답방	91	돌연
44	布	68	取	92	재판
45	將	69	朱	93	반사
46	佳	70	俗	94	추천
47	弓	71	恩	95	타협
48	波	72	停	96	燈, 火
49	拜	73	得	97	眼, 人
50	若	74	考→故	98	辛, 苦
51	입욕	75	好→戶	99	一, 丹
52	순번	76	硏究	100	走, 看
53	정성	77	巨金		
54	시침	78	伐木		

기출문제<2> 답안

[객관식]

1	③	6	②	11	④	16	③	21	①	26	②
2	①	7	④	12	①	17	④	22	③	27	④
3	④	8	③	13	②	18	②	23	④	28	③
4	②	9	①	14	③	19	③	24	②	29	①
5	③	10	②	15	①	20	①	25	①	30	②

[주관식]

31	판단할 판	55	의존	79	保溫
32	높을 존	56	변동	80	文句
33	밥 반	57	예우	81	긍정
34	거리 가	58	권리	82	근거
35	벌레 충	59	유언	83	과장
36	코 비	60	신청	84	분단
37	볼 간	61	접수	85	토의
38	도장 인	62	단순	86	배려
39	일어날 흥	63	사석	87	갈등
40	이을 속	64	감사	88	서술
41	拾	65	전승	89	함수
42	景	66	최근	90	추억
43	雄	67	밀담	91	조약
44	暴	68	冊	92	형태소
45	脫	69	治	93	수요
46	稅	70	假	94	증후군
47	婚	71	倫	95	중계무역
48	處	72	練	96	若, 觀
49	防	73	務	97	讀, 經
50	乾	74	用→容	98	竹, 故
51	적당	75	戶→呼	99	風, 波
52	친구	76	競走	100	角, 齒
53	조절	77	甲富		
54	급제	78	起立		

기출문제<3> 답안

[객관식]

1	②	6	①	11	②	16	④	21	③	26	②
2	④	7	④	12	③	17	②	22	①	27	①
3	①	8	③	13	①	18	③	23	②	28	③
4	②	9	②	14	④	19	①	24	④	29	④
5	③	10	④	15	①	20	④	25	③	30	②

[주관식]

31	그늘 음	55	탈출	79	危急
32	찰 만	56	처소	80	協同
33	손가락 지	57	판정	81	우주
34	더불/줄 여	58	단정	82	자비
35	아닐 비	59	응답	83	복지
36	더할 익	60	구관	84	유대
37	세울 건	61	수취	85	평형
38	맞을 적	62	수습	86	경제
39	마디 절	63	청혼	87	지구촌
40	재주 예	64	사죄	88	모방
41	久	65	웅대	89	도체
42	列	66	이해	90	상징
43	想	67	가창력	91	방종
44	眼	68	妙	92	반영
45	接	69	故	93	기호
46	起	70	限	94	증산작용
47	陸	71	細	95	사법부
48	逆	72	走	96	重, 復
49	鮮	73	針	97	子, 佳
50	耕	74	速→俗	98	房, 甘
51	계유	75	部→否	99	獨, 將
52	신묘	76	純金	100	擧, 得
53	달관	77	看病		
54	열정	78	移動		

준3급~6급 응시자용

한자자격시험 답안지

주관 : (사)한자교육진흥회
시행 : 한국한자실력평가원

2 1

회 차	제 회	응 시 등 급	
감독관 확 인	(서명)	준 3 급	○
		4 급	○
		준 4 급	○
		5 급	○
		준 5 급	○
		6 급	○

성 명	

수 험 번 호

			-			-		-				
⓪	⓪	⓪		⓪	⓪		⓪		⓪	⓪	⓪	⓪
①	①	①		①	①		①		①	①	①	①
②	②	②		②	②		②		②	②	②	②
③	③	③		③	③	③			③	③	③	③
④	④	④	-	④	④	④		-	④	④	④	④
⑤	⑤	⑤		⑤	⑤	⑤			⑤	⑤	⑤	⑤
⑥	⑥	⑥		⑥	⑥	⑥			⑥	⑥	⑥	⑥
⑦	⑦	⑦		⑦	⑦				⑦	⑦	⑦	⑦
⑧	⑧	⑧		⑧	⑧				⑧	⑧	⑧	⑧
⑨	⑨	⑨		⑨	⑨				⑨	⑨	⑨	⑨

생 년 월 일

⓪	⓪	⓪	⓪	⓪	⓪
①	①	①	①	①	①
②	②		②	②	②
③	③		③	③	③
④	④		④		④
⑤	⑤		⑤		⑤
⑥	⑥		⑥		⑥
⑦	⑦		⑦		⑦
⑧	⑧		⑧		⑧
⑨	⑨		⑨		⑨

채점위원확인란
(응시자표기금지)

(초검)

(재검)

객 관 식 답 안 란

번호	답	번호	답
1	① ② ③ ④	16	① ② ③ ④
2	① ② ③ ④	17	① ② ③ ④
3	① ② ③ ④	18	① ② ③ ④
4	① ② ③ ④	19	① ② ③ ④
5	① ② ③ ④	**20**	① ② ③ ④
6	① ② ③ ④	21	① ② ③ ④
7	① ② ③ ④	22	① ② ③ ④
8	① ② ③ ④	23	① ② ③ ④
9	① ② ③ ④	24	① ② ③ ④
10	① ② ③ ④	**25**	① ② ③ ④
11	① ② ③ ④	26	① ② ③ ④
12	① ② ③ ④	27	① ② ③ ④
13	① ② ③ ④	28	① ② ③ ④
14	① ② ③ ④	29	① ② ③ ④
15	① ② ③ ④	**30**	① ② ③ ④

※ 답안지 작성요령

1. 객관식 답은 해당번호에 검정색 펜으로 표기
   - ▶ 바른표기 예 : ●
   - ▶ 틀린표기 예 : ◑ ⊙ ✓ ⊗
2. 객관식 답을 수정할 때는 수정테이프를 사용
3. 주관식 답을 수정할 때는 두줄로 긋고 작성
4. 본 답안지를 구기거나 훼손하지 마시오.

문항	주관식 답안란	채점	문항	주관식 답안란	채점
31		○	41		○
32		○	42		○
33		○	43		○
34		○	44		○
35		○	45		○
36		○	46		○
37		○	47		○
38		○	48		○
39		○	49		○
40		○	50		○

※ 주관식 51 ~ 100번 답안란은 뒤면에 있음

※ 응시자는 채점란의 ○표에 표기하지 마시오.

문항	주관식 답안란	채점
51		○
52		○
53		○
54		○
55		○
56		○
57		○
58		○
59		○
60		○
61		○
62		○
63		○
64		○
65		○
66		○
67		○
68		○
69		○
70		○
71		○
72		○
73		○
74		○
75		○
76		○
77		○
78		○
79		○
80		○
81		○
82		○
83		○
84		○
85		○
86		○
87		○
88		○
89		○
90		○
91		○
92		○
93		○
94		○
95		○
96		○
97		○
98		○
99		○
100		○